Ulf Annel

111 Orte in und um Gotha, die man gesehen haben muss

Mit Fotografien von Juliane Annel
und drei Gastbeiträgen von Knut Kreuch

111

emons:

Für M. M. und alle, die mir geholfen haben

Bibliografische Information der Deutschen Nationalbibliothek
Die Deutsche Nationalbibliothek verzeichnet diese Publikation in der Deutschen Nationalbibliografie; detaillierte bibliografische Daten sind im Internet über http://dnb.d-nb.de abrufbar.

FSC www.fsc.org
MIX
Papier aus verantwortungsvollen Quellen
FSC® C043106

Layout: Eva Kraskes, nach einem Konzept
von Lübbeke | Naumann | Thoben
Kartografie: altancicek.design, www.altancicek.de
Kartenbasisinformationen aus Openstreetmap,

Druck und Bindung: Grafisches Centrum Cuno, Calbe
Printed in Germany 2022
ISBN 978-3-7408-1636-0

Vorwort

Gotha ist die immer heller leuchtende Perle der Thüringer Städtekette. In und um die (ehemalige) herzogliche Residenzstadt findet man Spuren der Illuminaten und Schlaraffen, aber auch berühmter Astronomen, Kartografen, Komponisten und Klavierbauer sowie Spuren der Erfinder der deutschen Versicherung und Science-Fiction-Literatur. Wer in und um Gotha unterwegs ist, stößt auf den herzoglichen Ernst und den lustigsten Lehrer, kann etwas erfahren über die größte Pflasterfabrik des Ostblocks und einen kleinen (auch kleingeistigen) Bierkrieg, über die erste Feuerbestattung in einem deutschen Krematorium, über die schnellsten Hunde und das langsamste Pendel.

Hier steht der Grabstein eines berühmten Buchillustrators, aber er liegt nicht darunter. Und in einer Kirche hängt ein Elefant. Schon etwas seltsam, oder? Gotha steckt voller Überraschungen zwischen Vergangenheit und Moderne.

Wer immer noch meint, das Schönste an Gotha sei die Autobahn zwischen Eisenach und Erfurt, der war noch nie hier. Denn wer einmal Gotha besucht hat, wird wiederkommen, um die Vielfalt an interessanten, überraschenden und auch skurrilen Örtlichkeiten und ihre Geschichten auszukosten. Die Einheimischen sollten ebenfalls mal wieder ihre schöne Stadt durchstreifen. Sogar Goethe war einst drauf und dran, in die mittelthüringische Stadt zu ziehen. Was hätten die Touristiker gejubelt: Goethe in Gotha! Was für ein Slogan. Leider nein, aber auch der Geheimrat war oft und gern hier zu Gast.

Einer, der nicht müde wird, die Schönheiten seiner Stadt zu preisen, ist der Oberbürgermeister Knut Kreuch. Um Leserinnen und Leser noch neugieriger auf dieses Gotha-Buch zu machen, hat er drei Texte beigesteuert. Wer weiß, wann der OB geboren wurde, bekommt schnell heraus, welche der durchnummerierten Texte es sind.

111 Orte

FUNDAMENT

1 Der Alte Schlachthof

Extravagante Ziegelbauten

Wie hat es hier gerochen? Lief auch mal Blut auf die Straße? Sind mal Schlachttiere ausgebüxt und wurden von rennenden Metzgern mit Hackebeilchen verfolgt? Die sauber sanierten Backsteingebäude waren einst die äußere Hülle des städtischen Schlachthauses. Natürlich wollte man den Nachwende-Neuanfang im Industriedenkmal unblutig gestalten und auch die Erinnerungen an baumelnde Schweinehälften und Rinderhaxen verschwinden lassen. Das Areal heißt nun »Schlossparkcenter«. Aber hier könnte man historische Krimis drehen, solche mit Metzger als Mörder.

1890/91 entstand das neugotische Ensemble nach Plänen des Architekten Conrad Schaller. Man wollte der Welt beweisen, dass in Gotha beste Thüringer Fleisch- und Wurstwaren in geradezu exklusivem Ambiente hergestellt werden. Die Image-Politur war nötig, um wieder weltweit Zervelatwurst, Sülze, Leberwurst und Schinken zu verkaufen. Mitte des 19. Jahrhunderts gab es in Gotha 60 Fleischereien und Wurstfabriken. Etwa ein Drittel der Produkte – rund 50 Zentner täglich – gingen in die USA, nach Frankreich, England und Österreich sowie in die deutschen Staaten. »Gothaer Wurst« war eine Weltmarke. Und dann wurden einige Fleischermeister zu gierig, hübschten die Wurst mit Farbe auf und hielten sich auch nicht an das Reinheitsgebot, dass man nur frisch geschlachtete Schweine nimmt und nicht die, die schon ein paar Tage tot herumliegen. Die Sache flog auf. Die Presse schlachtete die Ekel-Story aus. Kunden in den deutschen Wurstvertilgungsmetropolen wurden gewarnt, auf dass sie sich vor dem Gothaer Zeug hüteten. Der neue Schlachthof stand als Symbol für kontrollierte 1A-Qualität.

Heute gibt es hier kleine Läden und ein großes Sportartikelgeschäft, Büros, Eiscafé, eine Maßschneiderei. Der Hundefriseur arbeitet Wand an Wand mit den Kosmetikerinnen des Beauty-Salons. Nicht den Eingang verwechseln!

Adresse Schlossparkcenter, Parkstraße 11, 99867 Gotha | ÖPNV Stadtbus F, Haltestelle Alter Schlachthof | Anfahrt A 4, Abfahrt Gotha, B 247 bis große Kreuzung, dort links in Stielerstraße, weiter Bebelstraße, Parkstraße | Tipp Im Schlosspark zwischen Friedenstein und Herzoglichem Museum flanieren.

2 Die Alte Sternwarte

Gastronomie statt Astronomie

»Dunkel war's, der Mond schien helle, / schneebedeckt die grüne Flur, / als Franz Xaver blitzeschnelle / langsam hoch zum Seeberg fuhr.« Man sollte das Ganze umdichten, spätestens 2040, wenn es hier den 250. Geburtstag der Inbetriebnahme des ersten ziemlich speziellen Sternwarte-Hauses in Europa zu feiern gilt. Das Observatorium auf dem Kleinen Seeberg hatte Franz Xaver Zach (das freiherrliche »von« trug er ab 1801 im Namen) entworfen und gemeinsam mit Landesherr Ernst II. von Sachsen-Gotha-Altenburg die Fundamente eingemessen. Zach war nicht nur ein wissensdurstiger Mensch, sondern auch ein umtriebiger, kontaktfreudiger Typ mit besten Beziehungen zu Sternguckerkollegen sowie anderen Wissenschaftlern und bestens vernetzt mit einflussreichen, macht- und geldhabenden Persönlichkeiten. Er organisierte 1798 in Gotha den ersten europäischen Astronomenkongress, gründete mit Kollegen die »Himmelspolizey«, verfasste und verschickte die ersten astronomischen Zeitschriften. Und er wollte seine Himmelsbegeisterung auf viele Menschen übertragen, weswegen er 1799 einen modernen Sternenatlas mit 52 Kupferstichen herausgab. Modern, weil er einen Teil der Himmelskarten in Schwarz drucken ließ, so wie es eben nachts am Himmel aussah: »NEUESTER HIMMELS-ATLAS zum Gebrauche für Schul- und akademischen Unterricht, nach Flamsteed, Bradley, Tob. Mayer, De la Caille, Le Français de Lalande und v. Zach, in einer neuen Manier, mit doppelten schwarzen Stern-Charten bearbeitet; durchgehend verbessert, und mit den neuesten astronomischen Entdeckungen vermehrt von C. F. Goldbach. Revidirt auf der Sternwarte Seeberg bey Gotha; und mit einer Einleitung begleitet vom Hrn. Obristwachtmeister von Zach.« Kürzer machte man es damals nicht.

Kurz war jedoch das Leben der Sternwarte. Nach Verfall und Brand wurde völlig neu gebaut: eine Gaststätte mit Pension. Der Name und drei Säulen erinnern an den Himmelsblick.

Adresse Hotel und Restaurant »Alte Sternwarte«, Florschützstraße 10, 99867 Gotha-Siebleben | Anfahrt A 4, Abfahrt Gotha, weiter auf B 247 Ohrdrufer Straße, rechts in die Florschützstraße, die bis zum Ende | Öffnungszeiten Restaurant: Mo – Sa 11.30 – 22 Uhr, So 11.30 – 18 Uhr | Tipp Den Tierpark besuchen, von der »Alten Sternwarte« gemütlicher Viertelstundefußweg hin und dann hin und weg sein von Korsakfuchs, Säbelschnäbler, Husarenaffe & Co inklusive der Sympathieträger Erdmännchen.

3 Das Amtshaus

Immer wieder neu

Hier sind einst Geheimräte, Oberhofmarschälle, Oberbibliothekare und Vizekanzler ein und aus gegangen, aber auch viele Verwaltungsbeamte, Kriminelle, Witwen, Schriftstellerinnen und Schülerinnen. Das Amtshaus war nie nur Amtshaus. Und es wurde auch immer wieder umgebaut, damit man hier wohnen, arbeiten, lehren und lernen konnte. Zwischendurch stand das Haus »Zum grünen Lachs« für Jahre leer. Gebaut wurde zwischen Prager Fenstersturz und Westfälischem Frieden, also mitten im Dreißigjährigen Krieg, auf den Grundmauern eines mittelalterlichen Gebäudes (eine gotische Spitzbogentür ist erhalten). Bauen war und ist immer auch die Hoffnung auf langen Frieden. In den Mauern des Amtshauses stecken Steine der zerstörten Kriegsfestung Burg Grimmenstein.

Knapp 200 Jahre später wurde zum wiederholten Mal umgebaut und das Amtshaus zur Mädchenschule, für zwei Jahre (1882–84) Höhere Töchterschule. Dann versuchte man hier, solchen Kindern etwas Bildung einzutrichtern, die man vorsichtig »intelligenzgeschädigt« oder einfach »behindert« nannte. Im Gothaer Volksmund lernten im früheren Amtshaus die Amtiller, auf Gothsch: Amdiller. Weil in einigen Räumen die Beamten der Wasserver- und -entsorgung saßen, wurde die Hilfsschule als Wassergymnasium verspottet.

Wie vielfältig man das Haus nutzte, beweisen die Biereigenöffnungen über dem Tor, die zwar zugemauert, aber immer noch vorhanden sind. Hier wurde also auch gutes Gothaer Bier gebraut. Beschwerden oder Spottlieder betreffs der Bierqualität sind jedenfalls bisher in den Archiven nicht gefunden worden. Was man aber im Haus fand – Stuckdecken, Wandvertäfelungen und dahinter barocke Fresken –, das waren weitere Gründe, dem Gebäude vorsichtig und mit denkmalpflegerischer Akkuratesse zu Leibe zu rücken, um es erneut umzubauen. Insofern wiederholt sich die Geschichte doch. Man ehrt die Historie, indem man sie nutzt und sich nützt.

Adresse Augustinerstraße 15, 99867 Gotha | Anfahrt A 4, Abfahrt Gotha, B 247 bis große Kreuzung, dort links in Stielerstraße, weiter Bebelstraße, Parkstraße, rechts in die Lindenallee, links Bergallee, rechts Bürgeraue, gleich rechts Augustinerstraße | Tipp Ein paar Schritte in Fahrtrichtung weiter stehen links auf der Balustrade die »Gothaer Tugenden«, 14 Plastiken des Hallenser Bildhauers Professor Göbel.

4 Das Aquädukt

Ohne Wasser, merkt euch das …

Das Wasser, das hier floss, war für Gotha lebens-, ja, überlebenswichtig. Der Bedarf stieg mit dem Anwachsen der Bevölkerung, aber das Brunnenwasser reichte bei Weitem nicht. Also wurde darüber nachgedacht, woher man das kostbare Nass leiten könne, und war zunächst ratlos. Natürlich, eine künstliche Wasserstraße musste her, ein Kanal, aber Gotha liegt nicht im Tal, wohin das Wasser lustig vom Berg herunterrauschen kann. Und man muss sich klarmachen, dass die technischen Möglichkeiten sehr eingeschränkt waren. Es brauchte schon das Wissen, die Erfahrung und den Erfindungsreichtum eines besonderen Mannes, um das Problem zu lösen. Dieser Mann war nicht, wie immer noch in manchen Publikationen zu lesen ist, der Landgraf Balthasar. Er war nur der Bestimmer. Er dürfte es als unter seiner Würde angesehen haben, auch nur einmal – und sei es zum ersten Spatenstich – eine Schaufel in die Hand zu nehmen. War auch für das Image des Landesherrn nicht nötig, es gab noch keine Medien, die ihm zur Ehre vom ruhmreichen Erdanstich berichtet hätten. Der Architekt mit dem Wasserbauingenieurswissen hieß Conradus und stand als Werkmeister in Balthasars Diensten. Ein vollständiger Name ist nicht überliefert.

1366 bis 1369 buddelten unter seiner Leitung Thüringer Untertanen einen Kanal, ein technisches Meisterwerk, entworfen von einem Genie der Vermessung. Warum die vielen Windungen, warum nicht einfach geradeaus? Geradeaus hätte das Wasser unterwegs einen See gebildet. In Gotha wäre nichts angekommen. Aber auch der windungsreiche Weg war kompliziert, weil das Gefälle minimal ist: auf knapp 30 Kilometern Kanallänge nur 66,7 Meter (!) Höhenunterschied. Spätere Baumeister erweiterten die Nasszufuhr zum Leinakanal-System mit Aquädukt. Das Wasser fließt auch heute noch, füllt die Parkteiche und plätschert unterhalb von Schloss Friedenstein kunstvoll Richtung Rathaus.

Adresse Aquädukt, 99867 Gotha | **Anfahrt** A 4, Abfahrt Gotha-Boxberg, auf L 1026 und 1027 Richtung Sundhausen, links zum Leinakanal | **Tipp** Im Cranachhaus am oberen Hauptmarkt kann die Pumpstation für die Wasserkunst besichtigt werden, die vom Leinakanal gespeist wird.

5 Die Arnoldi-Denkmale

Viele Erinnerungen

Kurz nach dem Fall der innerdeutschen Grenze wünschten sich viele Leute im Osten die Mauer zurück, und sei es nur als Schutz gegen die anbrandenden Wogen der Versicherungsvertreter. Einer wird sich damals angesichts der Provisions- und Profitgier im Grabe umgedreht haben, nämlich der Vater der Gothaer Feuerversicherung und der 1827 gegründeten Lebensversicherung: Ernst Wilhelm Arnoldi. Die Gründungen waren übrigens so etwas wie Notwehr gegen die damals den staatlich zerstückelten deutschen Markt monopolartig beherrschenden Londoner Versicherungsunternehmen. Dagegen setzte Arnoldi seine Idee der Versicherung auf Gegenseitigkeit und mit Gewinnbeteiligung.

Natürlich wollte auch Arnoldi, der das Kaufmännische von der Pike auf gelernt hatte, seinen Schnitt machen. Aber sein Motto war: »Du lebst für dich, wenn du für andere lebst.« Heute würde man von gegenseitigem Vorteil sprechen. Arnoldi dachte weit über den Gothaer Tellerrand und die damaligen kleinstaatlichen Grenzen hinaus. Übrigens nicht nur im Versicherungswesen. Er ist auch der geistige Vater der Handelsschulen, engagierte sich im deutschen Zollverein (weil ein einiges Deutschland noch in weiter Ferne lag), für den Zusammenschluss der deutschen Zuckerfabrikanten und für den Bau der Eisenbahn über alle Zoll- und sonstigen Grenzen hinweg.

Die nachfolgenden Generationen dankten es dem Manne auf vielerlei Art: In Gotha findet man Gedenktafeln am Geburtshaus und am Wohn- und Sterbehaus sowie an der Arnoldischule. Der mehrfach umgesetzte Grabstein ist erhalten. Vor dem Versicherungsmuseum steht eine Büste. Und unweit des »alten« klassizistischen Denkmals sitzt ein neuzeitlicher Bronze-Arnoldi. Der Volksmund spricht nicht zimperlich meistens vom »Buckligen«.

Übrigens: Arnoldis zweites Motto »Gemeinnutz geht vor Eigennutz« wäre der bessere Artikel 14 des Grundgesetzes.

Adresse Arnoldiplatz, 99867 Gotha | **ÖPNV** Straßenbahn 1, 2, 4, Haltestelle Huttenstraße, wenige Meter zu Fuß | **Anfahrt** A 4, Abfahrt Gotha, B 247 Ohrdrufer Straße, geradeaus Enckestraße, Steinmühlenallee, Justus-Perthes-Straße, rechts Friedrichstraße, Ekhofplatz, Arnoldiplatz | **Tipp** Arnoldis Geburtshaus befindet sich am Hauptmarkt 37, das Sterbehaus am Hauptmarkt 14.

6 Das Aspacher Sühnekreuz

Zum letzten Mal

»Schaudernd starrt des Volkes Menge, / gaffend, schreiend, welch' Gedränge! / Der Mörder kniet, es blitzt das Schwert, / es fällt sein Haupt, von Schuld beschwert. / Entfesselt ist der Narren blinde Wut, / sie bannen Geister mit des Mörders Blut.« So moritatenlyrisch beschreibt Eugen Klug, Mitglied einer Gruppe von regionalhistorisch interessierten Leuten, die 1929 dieses Sühnekreuz setzten, die letzte öffentliche Hinrichtung im Gothaer Herzogtum. Klug hat auch das Richtschwert gezeichnet, neben dem das Datum 18.2.1839 zu lesen ist. An diesem Tag fand die Enthauptung des Mörders Johann Heinrich Kästner aus Uelleben als gesellschaftliches Großereignis statt. Das bluttriefende Schauspiel gipfelte darin, dass Scharfrichter Wittig, extra herbestellt aus Langensalza, dem sitzend gefesselten Kästner seitwärts den Kopf abschlug, was aber nur unvollständig gelang, weswegen noch nachgeschnitten werden musste. Die Schaulustigen erschauerten, als das Blut aus dem Hals des Geköpften spritzte. Aber im nächsten Augenblick stürzten einige, obwohl über hundert Wachsoldaten das verhindern sollten, vor, tunkten Brot- oder Brötchenstücke in das Blut und aßen sie gierig als vermeintliches Zaubermittel gegen Fallsucht und andere Krankheiten sowie gegen Hexerei.

Über ein Jahr, ungewöhnlich lange, hatten die Mühlen der herzoglichen Justiz gemahlen, obwohl die Angelegenheit klar war: Kästner hatte am letzten Tag des Jahres 1837 den Schreinerlehrling Johann Weiße ermordet (andere Überlieferungen sprechen von einem Schusterjungen). Der Mörder hatte noch um Gnade und Abschiebung nach Amerika gebettelt. Das Gesuch wurde im wahrsten Wortsinn abschlägig beschieden.

Und noch ein Antrag ging in dem Zusammenhang ein: Weil sie sich beim Zurückdrängen der Volksmenge so anstrengen und sich auch noch selbst verpflegen mussten, beantragten zwei Leutnants Marschzulage. Abgelehnt!

Adresse Aspacher Holz, 99880 Aspach | Anfahrt A 4, Abfahrt Gotha, B 247 Ohrdrufer Straße, geradeaus Enckestraße, Mühlgrabenweg, links Gartenstraße, am B.-v.-Suttner-Platz leicht rechts in die Eisenacher Straße, aus Gotha raus, Trügleben weiter Aspach, dort rechts abbiegen Richtung Metebach, nach circa 800 Metern rechts abbiegen, parken, noch etwa 200 Meter Fußweg | Tipp Zum Aspacher Traktorentreffen kommen alle zwei Jahre Fahrzeuge aus ganz Deutschland.

7 Das Bach-Stammhaus

Wo alles begann

»Vitus Bach, ein Weißbäcker in Ungarn, hat im 16ten Seculo der lutherischen Religion halber aus Ungarn entweichen müssen. Ist, nachdem er seine Güter, zu Gelde gemacht, in Deutschland gezogen; und da er in Thüringen genugsame Sicherheit für die lutherische Religion gefunden, hat er sich in Wechmar, nahe bei Gotha niedergelassen.« So beschreibt Johann Sebastian Bach die Ankunft seiner Sippe in Wechmar. Es war die Zeit, als der Bäcker Hein Eißer aus seinem Haus und einem Gebäudestück vom Nachbarn ein Oberbackhaus errichtete und den Bachs Heimat bot: eben jenes Bach-Stammhaus, das seit 1888 Fans aus aller Welt an den »Ursprung der Bachfamilie« lockt.

Vitus kam also her und ließ seine Söhne Johannes und Caspar als Musikanten ausbilden. Der erste zog als Spielmann durchs Land, der zweite ging als Stadtpfeifer nach Gotha. Anna, Johannes' Frau, brachte in Wechmar drei Söhne zur Welt, der älteste (wieder ein Johannes) ging nach Erfurt, der mittlere (Christoph) ist der Opa von Johann Sebastian Bach und Heinrich, der jüngste Bruder, gründete die Arnstädter Bachlinie. Am 6. Juli 1636 trauten sich in Wechmar Johannes Bach und Eva Hoffmann, die erste Hochzeit der Bachs.

Der Tod des Bäckers Hein Eißer 1637, der an Verbrennungen durch Soldaten starb, weil er sich im Dreißigjährigen Krieg zum Schutz seines Lebens im Backofen versteckte, ist ein tiefer Einschnitt im Leben der Bachs. Mitten im Krieg zogen die musikalischen Kinder von Wechmar in die Welt und begründeten die größte Musikerfamilie aller Zeiten.

Das alte Oberbackhaus Wechmar ist seit 1994 ein Museum, im Jahre 2003 kam die Veit-Bach-Obermühle Wechmar als Denkmal hinzu, sodass heute auf einem Rundgang neben diesen weltweit ältesten Bach-Wirkungsstätten auch die Sankt Viti Kirche, das alte Schulhaus, das Gut Weidensee, das Landhaus Studnitz und die Gemeindeschänke zum »Ursprung der Bachfamilie« führen.

Adresse Bachstraße 4, 99869 Wechmar | **ÖPNV** Bus 871, Haltestelle Wechmar Lange Straße, entgegen Fahrtrichtung zur Bachstraße | **Anfahrt** A 4, Abfahrt Gotha, B 247 Richtung Schwabhausen, dort links Richtung Wechmar, dort rechts in die Brückenstraße, dann rechts Bachstraße | **Öffnungszeiten** Di–So 10–17 Uhr | **Tipp** In Günthersleben sind Reste der alten Wasserburg zu sehen (Gothaer Straße).

8 Der Balkon

Ein hochpolitischer Ort

Auf diesem Balkon soll die Republik ausgerufen worden sein. Moment mal! Ist das jetzt der dritte Bewerbungsort neben dem Berliner-Schloss-Balkon, von dem aus Liebknecht, und dem Fenster des Reichstages, aus dem Scheidemann die Deutsche Republik ausriefen? Eigentlich war das typische Berliner Überheblichkeit. Alleinvertretungsanspruch. Denn Deutschland war ja 1918 immer noch geteilt in viele eigenständige staatliche Gebilde. Und eines dieser Gebilde war das Herzogtum Sachsen-Coburg und Gotha. Jetzt kommen wir der Sache schon näher. Am 9. November 1918 stand der Gothaer Wilhelm Bock, Reichstagsabgeordneter für die USPD, hier und rief die Republik aus, die sich später als Freistaat in die politischen Annalen eintragen ließ. Die Zeit war reif, der Fürst sah ein, dass er wohl nicht mehr der Bestimmer war, darum konnte Wilhelm Bock auch ziemlich angstfrei ausrufen, dass der Landesherr, Herzog Carl Eduard, abgesetzt sei. Erst fünf Tage später, als letztmalig der gemeinsame Landtag von Sachsen-Coburg und Gotha zusammentrat, trat auch der Fürst und zwar zurück.

Leider trat noch etwas ein, was den späteren Grenzverlauf Thüringens bestimmte: Der Coburger Teil des Herzogtums zog es vor, den neuen republikanischen Freistaat nördlich des Rennsteigs Richtung Bayern zu verlassen. Republikflüchtlinge!

Der Freistaat Sachsen-Gotha, den Wilhelm Bock wohl auf einer Tribüne vor diesem Balkon proklamiert hatte, existierte bis zum 1. Mai 1920. Dann vereinigte man sich mit Sachsen-Weimar-Eisenach, Sachsen-Altenburg, Sachsen-Meiningen, Schwarzburg-Sondershausen, Schwarzburg-Rudolstadt und dem Volksstaat Reuß. In Letzterem wehte übrigens schon die schwarz-rot-goldene als Staatsflagge! Zählen wir mal zusammen: sieben Fürstentümer. Darum prangten auch auf dem ersten Thüringer Wappen sieben silberne Sterne auf rotem Grund. Heute umschwirren diese sieben Sterne den gestreiften Löwen.

Adresse Schlossberg 2, 99867 Gotha | Anfahrt A 4, Abfahrt Gotha, B 247 bis große Kreuzung, dort links in Stielerstraße, weiter Bebelstraße, Parkstraße, rechts in die Lindenallee, links Bergallee, rechts Bürgeraue, gleich rechts Augustinerstraße bis Hauptmarkt, Parkplatz suchen | Tipp Die Grabstätte von Wilhelm Bock, seiner Frau Ernestine und der Kinder Otto und Lene ist auf dem Gothaer Hauptfriedhof zu besichtigen.

9 Das Bauhaus-Kaufhaus

Der verschwundene Leuchtturm

Zunächst: Die Überschrift ist nicht ganz richtig, denn das Gebäude ist streng genommen kein Bauhaus-Haus, sondern ein Bau der Klassischen Moderne. Ja, irgendwann kommt auch die Moderne in die Jahre und dann wird sie klassisch. Aber man sieht hier ganz deutlich die Formsprache des Bauhauses.

Und der Leuchtturm? Das ist schon eine verrückte Geschichte. Also, es war kein Leuchtturm wie an irgendeiner Küste, schließlich liegt Gotha nicht am Meer. Nur am Bodensee. Bitte? Ja, noch nie gehört? »Da ich im See den Boden seh, liegt Gotha auch am Bodensee.« Das ist ein volksmündlich überlieferter Scherzreim, dessen Herkunft umstritten ist. Ganz scherzfrei gesprochen: Als das Kaufhaus »M. Conitzer & Söhne«, entworfen von Bruno Tamme, 1928 eröffnet wurde, nörgelten viele Gothaerinnen und Gothaer, dass so etwas doch gar nicht in die Innenstadt passen würde. Vorher standen dort (auch noch gar nicht so lange) Gebäude mit Verzierungen, Schnörkeln, mit Simsen und Fensterkreuzen. Das Neue war den Nörglern zu glatt und gerade. Versöhnt wurden viele aber nachts. Dann leuchtete nämlich der Leuchtturm. Oder soll man sagen: die Turmleuchte? Wo heute die runde Ecke vorn ist, schmiegte sich hinten in die eckige Ecke dieser metallene Stab mit den über hundert Glasplatten und den modernen Leuchten. Und er reckte sich auch noch über das Hausdach hinaus. Ein Geniestreich der werbetüchtigen Eigentümer.

Es gibt Fotos von kurz nach der Wende. Da ist der Turm noch da. Mit etwas Aufwand hätte man ihn auch wieder zum Leuchten bringen können. Aber dann ist er in einer Nacht-und-Nebel-Aktion einfach abgebaut worden. Niemand will etwas gesehen haben. Eine Abrissgenehmigung gab es nicht. Plötzlich war der Leuchtturm weg. Einige Gothaer träumen davon, den Turm zurückzuzaubern, auf dass sein Licht die Nacht erleuchte. Aber bisher ist es ein Traum geblieben.

Adresse Kaufhaus Moses, Erfurter Straße 3–7, 99867 Gotha | Anfahrt A 4, Abfahrt Gotha, B 247 Ohrdrufer Straße, geradeaus Enckestraße, Mühlgrabenweg, links Gartenstraße, Parkplatz suchen; zu Fuß Lutherstraße, dann links Neumarkt an Kirche rechts vorbei | Tipp Flanieren durch die Straßen der Innenstadt zwischen Brühl und Ekhofplatz macht auch ohne Einkaufen Spaß.

10 Die Bäume im Schlosspark

Zeichen von Überlebensfreude

Ein mittlerweile nicht mehr so sehr beliebter Ex-Bundeskanzler sagte einmal: »Wer wie ich weiß, wo er herkommt, der weiß auch, wo er hingehört.« Da klang Stolz mit über den eigenen Aufstieg, aber auch Bodenständigkeit. Heute denkt man eher: arrogant, abgehoben, ohne Moral und Anstand. Das Verhältnis zum Satz hat sich durch die neue Situation stark verändert. Ähnlich verhält sich das auch mit dem Verhältnis zu Russland. Die jeweils aktuelle politische Großwetterlage überlagert unser Denken und Fühlen bis ins Kleinste. Aber wenn man vor diesen Bäumen steht, muss man etwas über die Vorgeschichte der Einritzungen in ihre Stämme wissen, muss man Historie begreifen und das Aktuelle ausblenden. Und man muss diese Bäume schützen, denn sie sind Symbole eines unter millionenfachen Opfern errungenen Sieges gegen ein menschenverachtendes Regime.

Am Ende des Zweiten Weltkrieges haben sowjetische Soldaten ihre Überlebensfreude dokumentiert, ihre Erleichterung, dem großen Massensterben entkommen zu sein. Hier wachsen seit 1945 nicht nur einfach Bäume, sondern Friedensdenkmale.

Wenn man die Rettung der Stadt Gotha am Ende des Krieges dazudenkt, merkt man schnell, wie eng Opfermut und Kadavergehorsam beieinanderliegen, wie schwer es für den Einzelnen gewesen sein dürfte (und in ähnlichen Situationen immer wieder sein wird), eine Entscheidung zu treffen, die unter Umständen viele Menschen und eine Stadt rettet, aber den eigenen Tod bedeuten kann. Für die Soldaten, die ihre Gefühle in die Buchen geritzt haben, war dies auch ein Zukunftsversprechen.

Ganz in der Nähe, an der Südseite des Schlosses, stand bis 1946 ein Soldatendenkmal – Inschrift »Allzeit bereit« – für die Gefallenen des Ersten Weltkrieges. 1967 wurde genau dort ein Denkmal für antifaschistische Widerstandskämpfer errichtet. Heute ist der Ort geschichtsvergessen leer.

Adresse Schlosspark hinter Herzoglichem Museum, 99867 Gotha | **Anfahrt** A 4, Abfahrt Gotha, B 247 bis große Kreuzung, dort links in Stielerstraße, weiter Bebelstraße, Parkstraße, Schlossplatz, Parkplatz suchen, zu Fuß um Museum herum zum Parkteich, dort gleich rechts stehen mehrere Buchen | **Tipp** Das entsorgte Antifa-Ehrenmal wurde neu künstlerisch bearbeitet und kann auf dem Hauptfriedhof besichtigt werden.

11 Bechsteins Geburtshaus

Der Baumeister des Farbenklaviers

Kaiser Wilhelm Zwo, der mit dem Zwirbelbart, bezeichnete das Klavier als gesundheitsschädlichen Turnapparat. War es der Neid auf Leute mit zwei gesunden Armen, denn der Monarch hatte durch Geburtskomplikationen linksseitig einen Kurzarm? Als Wilhelm 1888 den deutschen Thron bestieg, war Friedrich Wilhelm Carl Bechstein aus Gotha schon ein erfolgreicher Klavierbauer mit einer weltberühmten Manufaktur in Berlin, in der pro Jahr über 500 Tasteninstrumente gebaut wurden. Bei der Londoner Industrieausstellung 1862 heimsten seine Klaviere Lob und Preise ein. Nicht einmal zehn Jahre zuvor hatte er seine Werkstatt erst gegründet und die ersten Pianos eigenhändig hergestellt.

Es ist die erstaunliche Biografie eines Mannes, der mit fünf seinen Vater verlor, dann einem überaus strengen Stiefvater ausgeliefert war, der ihn einem ständig besoffenen und jäh ausfälligen Erfurter Klavierbauer in die Lehre gab. Bei dem lernte Bechstein die Grundlagen seines Handwerks; und er lernte immer weiter, auch als er schon selbst ein Meister war: in Dresden, Berlin, Paris. Bechstein hatte einen Traum: Der Jungunternehmer wollte ein ganz neues Klavier bauen, eines, das den modernen Anforderungen der Pianisten und Komponisten entsprach und nicht vor dem letzten Ton der Sonate oder Sinfonie auseinanderbrach oder Saiten verlor. Ein neues Ideal an Klangfülle und Abstufungsmöglichkeiten wurde angestrebt. Der klangsensible Bechstein baute es, das »Bechstein'sche Farbenklavier«, wie es sein Freund, der berühmte Klaviervirtuose Hans von Bülow, bezeichnete.

Als im Oktober 1860 Franz Liszt den Bechstein-Flügel mit der Herstellungsnummer 247 kaufte, war Bechstein im Klavierbauerolymp angekommen. Für Richard Wagner schuf er 1867 den »Piano-Sekretär«, ein Möbel, das zugleich Klavier und Schreibtisch war. Der kleine Carl Bechstein aus dem kleinen Fürstentum in Thüringen starb als großer Selfmade-Millionär.

Adresse Siebleber Straße 8, 99867 Gotha | Anfahrt A 4, Abfahrt Gotha, B 247 bis große Kreuzung, dort links in Stielerstraße, weiter Bebelstraße, Parkstraße, rechts in die Lindenallee, links Bergallee, rechts Bürgeraue, gleich rechts Augustinerstraße, weiter auf Siebleber Straße | Tipp Wer einen echten Bechstein-Flügel sucht, findet heute einen rund 250 Jahre alten, funktionstüchtigen in der Stadtbibliothek.

12 Die Begräbnisinsel

Anonyme Prominentenbestattung

»Selig Eiland, dich umgibt die Welle / stürmelos, so wie dein eng Gebiet, / glücklich, wer an solcher Ankerstelle / seinen Nachen auf das Ufer zieht! / Die Schatten, so die Fluten kühlen, / lispeln friedlich, aber seufzen nicht, / Gräber sinnen hier und Blumen fühlen / und in sanfter Wehmut bebt das Licht.« Welch kunstvolle Umschreibung einer Insel, mitten in einem alten Landschaftspark, den man als den ältesten Englischen Garten auf dem Kontinent rühmt. Ungewiss bleibt, ob es der Text des russischen Diplomaten Apollonius von Maltitz oder die Noten des Gothaer Herzogs waren, die Franz Liszt so betörten, dass er der Insel am 9. November 1842 einen Liedzyklus widmete.

Es war der Urgroßvater des Herzogs, der 1765 nach dem Besuch bei Tante Augusta in London begann, den Englischen Garten anzulegen. Ein neuer Park, verborgen hinter dem Schloss Friedenstein, vom Leinakanal gewässert, der zwei Parkteiche speisen sollte. 1772 entstand der Teich mit der Begräbnisinsel. Ihr Schöpfer, Herzog Ernst II. von Sachsen-Gotha-Altenburg, war Freimaurer und verfügte, dass er hier anonym ruhen wolle. 1777 ließ er seinen jüngsten Sohn dort bestatten, es folgte 1779 der Erbprinz, bevor Ernst selbst 1804, in ein Leinentuch gewickelt und ohne Sarg, dort Ruhe fand. An seiner Seite seit 1822 beziehungsweise 1825 zwei weitere Söhne. Mit dem Tod der Herzogin Caroline Amelie 1848 endete diese Begräbniskultur. 1910 fand noch Queen Victorias Urenkel Maurice Aufnahme auf der Insel, der allerdings hat wenigstens einen Grabstein.

Frei von Zaungästen bleibt die Insel eine stille Oase, über die Herzog Ernst 1849 an Liszt schrieb: »Es ist der größte Triumph des Dilettanten, wenn sein schwaches Werk die Fürsprache des Meisters genießt. Während sich alles um den gefeierten Künstler bückt, so fallen auch manche Blicke auf den unbekannten Schutzbefohlnen, und er entgeht der Gefahr, gänzlich vergessen zu sein.«

Adresse Schlosspark hinter Herzoglichem Museum, 99867 Gotha | Anfahrt A 4, Abfahrt Gotha, B 247 bis große Kreuzung, dort links in Stielerstraße, weiter Bebelstraße, Parkstraße, Schlossplatz, Parkplatz suchen, zu Fuß um Museum herum zum Parkteich | Tipp Hinter dem Museum am Parkeingang stehen als Portal zwei Nootka-Scheinzypressen (Alaska-Zedern).

13_Der Berggarten

Geschenk mit Hintergedanken

Wer noch nie hier war, schaut vielleicht vorher auf die Internetseite. Da blinkt das gezeichnete Berggarten-Gebäude im ruhigen Takt zwischen Tag- und Nachtansicht. Darunter das Motto: »Essen und Trinken / Freunde finden«. Dass es die »Restauration« überhaupt gibt, ist der Familie Arnoldi zu verdanken, die ihr 1794 erworbenes, großes Gartengrundstück aufforstete, ein Haus darauf baute und einen Turm (siehe Ort 18) und das alles 1872 der Stadt Gotha schenkte, allerdings unter der Bedingung, dass das Areal immer öffentlich genutzt und nie verkauft würde.

Der »Verschönerungsverein der Stadt Gotha« konnte dann das Gastwirtschaftsgebäude auf dem parkähnlichen Gelände errichten lassen, das ab Frühling 1874 von den Gästen regelrecht gestürmt wurde.

Dass es die »Restauration« noch gibt, ist ein glücklicher Zufall. Am 3. April 1945 hing eine Hakenkreuzfahne am Haus. Ein amerikanischer Panzerschütze nahm die als Ziel. Das Geschoss aus der Lafette durchschlug ein Fenster, eine Wand, fegte durch einen Schrank, dass das wertvolle Porzellan nur so in Scherben fiel, und blieb in der nächsten Wand stecken, ohne zu explodieren! Niemand schoss zurück, der Panzer drehte ab. Hätte es bei weiterem Beschuss den Musikpavillon getroffen, würde heute vielleicht gar nichts mehr stehen, denn im Pavillon hatte der Volkssturm sein gut gefülltes Munitionslager.

Nach der Wende rettete die Gothaer Brauerei aus nicht ganz uneigennützigen Gründen den »Berggarten« vor dem Verfall. Im Biergarten haben 400 Leute Platz. Eine Win-win-Situation. Es gibt ausreichend Parkplätze, wenn nicht alle mit dem Auto kommen. Kinder können auf zwei Spielplätzen toben oder gleich im Wald. Was es nicht mehr gibt, ist der Schalter, den in den 1920er Jahren der einarmige Wirt umlegen konnte und dadurch den Rückweg zur Stadt schlagartig verdunkelte.

Adresse Berggartenweg 50, 99867 Gotha | **ÖPNV** Stadtbus C, Haltestelle Zeppelinstraße, zu Fuß weiter Eisenacher Straße, dann rechts in den Berggartenweg | **Anfahrt** A 4, Abfahrt Gotha, B 247 Ohrdrufer Straße, geradeaus Enckestraße, Mühlgrabenweg, links Gartenstraße, am B.-v.-Suttner-Platz leicht rechts in die Eisenacher Straße, rechts Berggartenweg | **Öffnungszeiten** April–Sept. Mo–Do 11–21, Fr–Sa 11–22, So 11–20 Uhr; Okt.–März Mo–Do 11–19, Fr–Sa 11–22, So 11–19 Uhr, kein Ruhetag außer 24.12.! | **Tipp** Auf dem Fußweg zum »Berggarten« kann man aus dem Lüderitzbrunnen trinken, steinern gefasst 1830 aus Dankbarkeit für eine vermeintliche Heilung durch das Quellwasser.

14 Berthas Urne

Die erste Friedensnobelpreisträgerin

Manchmal guckt man hinten auf eine 2-Euro-Münze und denkt: Das könnte irgendeine österreichische Kaiserin sein. Es ist aber Bertha Sophia Felicita Gräfin Kinsky von Wchinitz und Tettau. Berthas Vater war General, die Mutter eine spielsüchtige Adlige, die das Erbe glücklos »verballerte«. Tochter Bertha war sehr musikalisch, sprach mehrere Sprachen; gute Voraussetzungen, um ab 1873 als Gouvernante die Töchter der Wiener Industriellenfamilie von Suttner zu unterrichten. Und da war auch noch Arthur von Suttner, sieben Jahre jünger als Bertha, aber wo die Liebe hinfällt …

Die Suttnereltern lösten das Problem durch Vermittlung Berthas als Privatsekretärin Alfred Nobels in Paris. Der Dynamit-Alfred musste aber zurück nach Schweden, Bertha wieder nach Wien. Dort heiratete sie 1876 heimlich ihren Arthur. Die Folge: Skandalgeschrei und Enterbung. Weit weg von Wien wohnte das Paar einige Jahre kostengünstig bei einer Fürstin Jekaterina Dadiani im Kaukasus. Arthur verdiente etwas Geld als Reise- und Kriegsreporter, Bertha als Sprachlehrerin, Übersetzerin und Unterhaltungsromanautorin. 1885 hatte sich die Wiener Verwandtschaft beruhigt, man söhnte sich aus, und das Paar durfte wieder auf dem Familienschloss in Niederösterreich wohnen.

Und dann schrieb Bertha einen Roman, den kein Verlag drucken wollte. Man riet zu freiwilliger Zensur. Aber 1889 erschien ohne Änderungen »Die Waffen nieder!«, ein Buch über die Schrecken des Krieges aus Sicht einer Ehefrau. Ein Riesenerfolg, 37 Auflagen, Übersetzung in zwölf Sprachen. Ihre wachsende Bekanntheit nutzte Bertha von Suttner, um Krieg weltweit als menschlichen »Irrwahn« zu geißeln. 1905 verlieh man ihr als erster Frau den Friedensnobelpreis.

Die fortschrittsbegeisterte Bertha wollte auch keine reaktionäre Bestattung. Also förderte sie das erste deutsche Krematorium und ließ sich dort einäschern. Die Urne verblieb im Gothaer Kolumbarium.

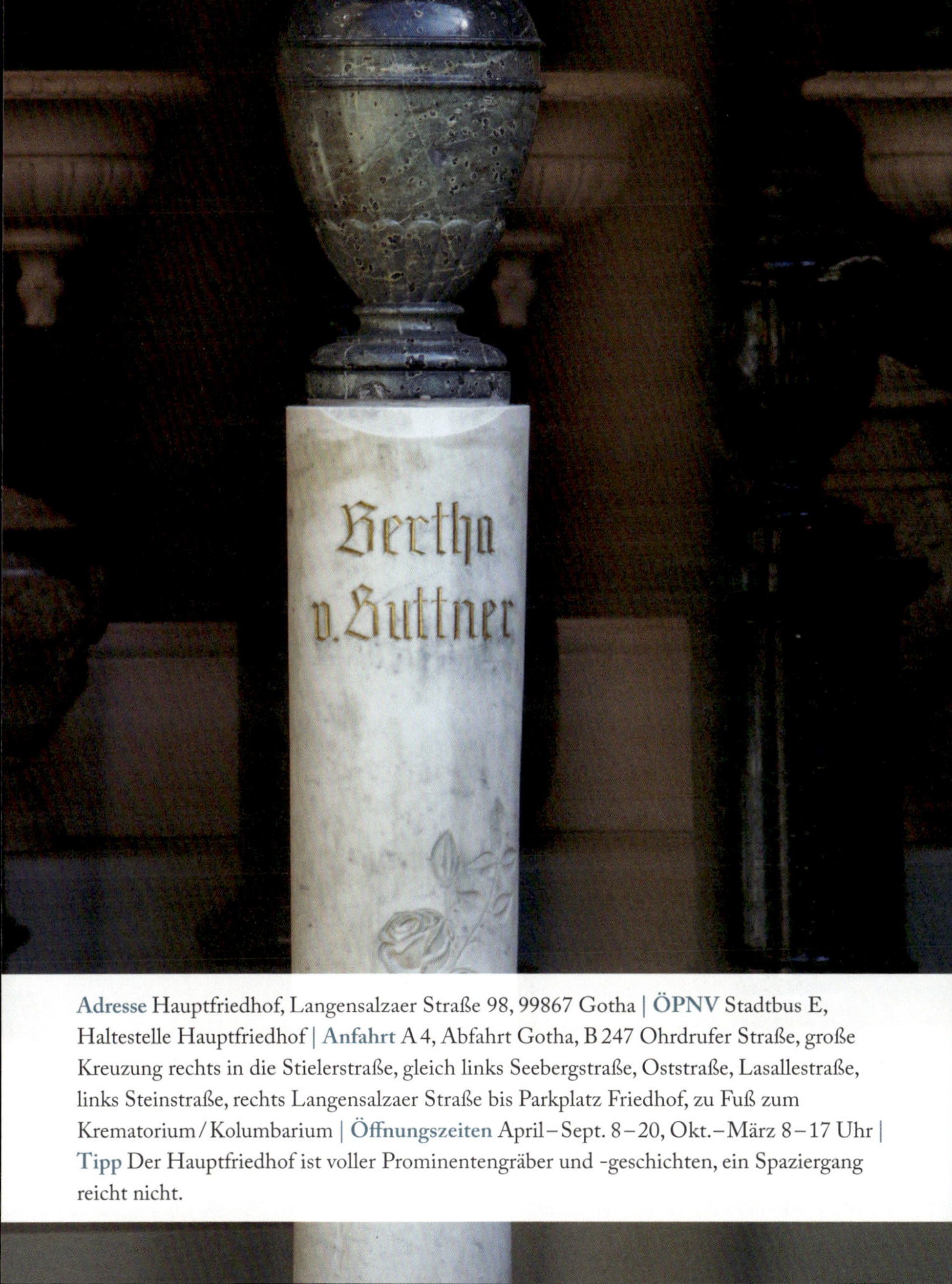

Adresse Hauptfriedhof, Langensalzaer Straße 98, 99867 Gotha | **ÖPNV** Stadtbus E, Haltestelle Hauptfriedhof | **Anfahrt** A 4, Abfahrt Gotha, B 247 Ohrdrufer Straße, große Kreuzung rechts in die Stielerstraße, gleich links Seebergstraße, Oststraße, Lasallestraße, links Steinstraße, rechts Langensalzaer Straße bis Parkplatz Friedhof, zu Fuß zum Krematorium / Kolumbarium | **Öffnungszeiten** April – Sept. 8 – 20, Okt. – März 8 – 17 Uhr | **Tipp** Der Hauptfriedhof ist voller Prominentengräber und -geschichten, ein Spaziergang reicht nicht.

15 Das Big Palais

Junges Leben in altem Gemäuer

Als es noch keine Rentenversicherung für alle gab, keine staatliche Rentenkasse und keinerlei Geld für arme Alte, da stürzten viele Menschen aus dem Arbeitsleben in große Not. Wenige hatten das Glück, in Firmen gearbeitet zu haben, deren Eigentümer den Sozialgedanken lebten und sich auch nach dem Ausscheiden der Betriebsangehörigen noch um dieselben kümmerten. Und ohne eigenes Dach überm Kopf blieb nur der Himmel. Oder ein Heim, bezahlt von einem Menschen, dem es im Leben besser ergangen war.

So einer war Karl Schäfer, er stiftete das Gebäude, das nun unter dem Namen »Big Palais« ein Kinder- und Jugendzentrum beherbergt. Gegründet wurde das Haus als Männerstift, als Asyl für alte, arme und arbeitsunfähige Männer. Der Postmeister Karl Schäfer, der auch als Betreiber des Mohren-Gasthofs genannt wird, hatte das nötige Geld testamentarisch der Stadt vererbt, damit diese ein Haus für Bedürftige baue. Der Auftrag ging an den Architekten Bruno Heinrich Eelbo, der bei Ludwig Bohnstedt gelernt und dann ein eigenes – heute würde man sagen – Designbüro eröffnet hatte. Eelbo zeichnete zumeist villenartige und repräsentative Gebäude, aber er entwarf auch ganze Inneneinrichtungen: Möbel, Öfen, Lampen. Und die Bilder für die Innenräume malte und zeichnete er ebenfalls selbst. Der vielseitig Talentierte legte später Zeichenzeug und Lineal beiseite. Die letzten 20 Jahre seines Lebens schrieb er nur noch: Gedichte und Schauspiele.

Im 1884 eingeweihten Eelboschen Greisenasyl hatten 40 Männer Platz. Es gab auch einen Festsaal, einen Betsaal und die Kapelle. Der Stifter sagte: »Mancher ist arm bei großem Gut und mancher ist reich in seiner Armut.« Er war letztlich reich und gut.

1921 wurde das Haus geschlossen. Später war es Knabenberufs- und Polytechnische Oberschule. Nach der aufwendigen Restaurierung ist es nun ein Treff mit vielfältigen Angeboten für Kinder und Jugendliche.

Adresse Schäferstraße 10, 99867 Gotha | **ÖPNV** Stadtbus F, Haltestelle Alter Schlachthof, links in die Schäferstraße | **Anfahrt** A 4, Abfahrt Gotha, B 247, Ohrdrufer Straße, links Dr.-Troch-Straße, Kreisverkehr, dann Uelleber Straße, links Schäferstraße | **Öffnungszeiten** Di–Sa nachmittags, in den Ferien schon ab Mittag | **Tipp** Es gab auch ein Frauenasyl in der Schützenallee, gestiftet von Theresia Gayer – für alleinstehende bedürftige Frauen und Jungfrauen, heute sind hier Wohnungen.

16 Die Boxberg-Gaststätte

Mehr als ein Hauch Bauhaus

Es klingt ein bisschen ähnlich, aber in der Walpurgisnacht treffen sich hier keine Hexen und kopulieren wild mit dem Bocksfüßigen. Hier ist nicht der Blocksberg, hier ist der Boxberg. Und der Name soll daher stammen, dass hier – Nein! – nicht so mancher Bock geschossen wurde, sondern dass Schaf- und Ziegenböcke auf dem Berg weiden durften. Diese Erklärung nehmen auch Boxberge und Bocksberge anderswo für sich in Anspruch: in Holstein zum Beispiel und in der Rhön, Eifel, Niedersachsen und in Bayern. Das größte Kohlekraftwerk der DDR hieß so. Thüringen hat Platz für vier Bocksberge. Deutsche Bocksberg-Städte und -Gemeinden gibt's. Und die Boxberger waren ein deutsches Adelsgeschlecht, von dem nicht überliefert ist, ob einer als Boxer ins Ringquadrat stieg. Da schwirrt einem der Kopf und man ist froh, dass die Erklärung Boxberg bei Gotha seit 1878 einen Zusammenhang mit Pferdeboxen zumindest nahelegt.

Gern wird der Boxberg als Höhepunkt von Wanderungen genutzt. Allein die viktorianisch anmutenden Rennbahngebäude und die Tribüne sind einen Ausflug wert. Dort oben kann Bergfest gefeiert werden. Auch die Thüringer Waldbahn bringt die Gäste nah heran. Der Restweg ist leistbar.

Die Rennbahn-Gaststätte müsste eigentlich noch viel stärker als touristisches Highlight vermarktet werden. Es gibt weltweit viele Liebhaberinnen und Liebhaber von Bauhaus und bauhausinspirierter Moderne. Wenn man denen mitteilt, dass hier oben ein Saalanbau und ein Treppenhaus von Bruno Tamme entworfen wurden – die Neugier wäre groß. Und die aufs Einfachste reduzierten Griffe der Schwingtüren gehen auf Entwürfe von Walter Gropius zurück. Wenn dann auch noch Thüringer Essen, serviert mit einem gewissen Maß Thüringer Freundlichkeit, dazukommt, was sollte die Touristen am Kommen hindern? Die Bevölkerung aus der Region könnte auch wieder etwas Wanderfreude entwickeln.

Adresse Auf dem Boxberg 1a, 99894 Gotha | **ÖPNV** Straßenbahn 4, Haltestelle Boxberg, zu Fuß bergan | **Anfahrt** A 4 Ausfahrt Gotha-Boxberg, weiter auf L 1026 Richtung Gospiteroda, dann links auf den Boxberg | **Öffnungszeiten** Frühjahr und Sommer Mi–Fr 17–22 Uhr, Sa 11.30–22 und So 11.30–17 Uhr, Herbst/Winter abweichende Öffnungszeiten | **Tipp** Der zweite Gasthof (»Thüringer Waldblick«) auf dem Boxberg ist ein öffentliches Restaurant und auch Hotel.

17 Bufleben

Wo der Bierkrieg tobte

Im Angesicht echter Kriege ist diese Überschrift freilich etwas zynisch. Aber genau so ist die nun zu beschreibende Angelegenheit in die Annalen eingegangen. Natürlich geht es wie in jedem Krieg um Geld und Macht und Rechthaberei auf Kosten der kleinen Leute. Und Dummheit spielt eine Rolle und Alkoholmissbrauch. So weit nichts Besonderes.

Alles begann damit, dass adelige und städtische Obrigkeiten überlegten, mit welchen Steuern man Geld aus der Bevölkerung pressen könne. Es war bestimmt keine Schnapsidee, sondern der Einfall eines kühl rechnenden, knochentrockenen Finanzverwalters, das Recht auf Alkoholherstellung ordentlich zu Geld zu machen. Schon das Braurecht musste erworben und auf jeden Liter dann auch noch Steuer gezahlt werden. Weil es kaum sauberes Trinkwasser gab, konsumierte man vor allem Bier. Und so ordnete Anfang des 15. Jahrhunderts Kurfürst Friedrich I. an, dass das Braurecht seiner Stadt Gotha sich auch auf Orte im Umkreis bezöge, die nicht weiter als eine Meile entfernt lägen. Dagegen lehnten sich die Buflebener Biertrinker auf. Zum Pfingstfest 1524 brauten sie sich illegal ihr eigenes Getränk, denn sie meinten, die sogenannte Braugerechtigkeit sei eine Ungerechtigkeit sondergleichen. Sofort schickte man von Gotha aus ein halbes Hundert Bewaffnete. Doch auch Bierbrauerbauern können kräftig zulangen, und so kehrte die Gothaer Bürgerwehr mit mehreren blauen Augen und blutigen Schrammen heim. Die Gothaer schlugen mit Verstärkung zurück, eroberten die Schenke und zwei Fässer Fremdbier. Dieselben leerte man dann in Gotha, zog besoffen zur Kirche am Schlossberg, misshandelte einige Kirchenleute und verwüstete deren Wohnungen. Die Helden des Bierscharmützels landeten im Arrest und durften den erst nach Entschädigungszahlungen verlassen.

Gothaer Bier – eine trinkbare Marke. Aber man muss wohl in der Vergangenheitsform sprechen.

Adresse 99869 Nessetal-Bufleben | ÖPNV Bus 810, Haltestelle Bufleben | Anfahrt Gotha stadtauswärts auf Kindleber Straße, in Kindleben links nach Bufleben | Tipp Auf dem Schornstein der ehemaligen Saline Bufleben findet sich immer wieder ein Storchenpaar ein.

18 Der Bürgerturm

Rückblick und Weitblick

Wer die 158 Stufen der Wendeltreppe bis zur höchsten Plattform nicht hinaufschnaufen will oder kann, setzt sich auf eine der Bänke am Fuß des Turmes. Schon da hat man eine gute Aussicht. Aber den richtigen Inselsbergblick hat man natürlich nur von ganz oben. Und wenn die Sicht klar ist, kann man sogar ohne Fernglas den rund 80 Kilometer entfernten Brocken sehen. Aber auch in Nähe und Halbnähe liegen Sehenswürdigkeiten zuhauf.

Die moderne Metallkonstruktion befindet sich unweit der Stelle, an der schon einmal ein Aussichtsturm stand: der Arnolditurm. Den hatte die Witwe von Ernst Friedrich Arnoldi um 1830 als Andenken an ihren Mann bauen lassen. Ein sehr spitz zulaufendes 4-Etagen-Dach krönte den Turm, der später Teil der Berggarten-Schenkung und somit öffentlich zugänglich war. Wind und Wetter setzten dem mit Holzschindeln gedeckten Bau zu. Nach dem Zweiten Weltkrieg verfiel er, wohl auch, weil man den Weitblick über den russischen Truppenübungsplatz so gar nicht wollte. 1972 verschwand der Arnolditurm ganz.

Geht man vom Berggarten zum Bürgerturm, läuft man an einem Gedenkobelisken für Ernst Friedrich Arnoldi und einem neu gesetzten Stein vorbei, der den Standort des abgerissenen Arnolditurms markiert.

Der Bürgerturmverein, der sich um einen Nachfolger für den Arnolditurm gekümmert hat, versteht sich seinerseits als Nachfolger des »Verschönerungsvereins der Stadt Gotha«. Es ist eine sichtbare Linie des bürgerlichen Engagements, die sich von Arnoldi bis heute zieht. Darum ist es auch verständlich, dass der neue Turm nicht den alten Namen bekommen hat. Den Wanderern, die längere Touren machen, und Spaziergängern, die bis zum Berggarten fahren und die kleine Strecke bis zum Turm per pedes bewältigen, ist das sowieso egal. Für sie zählt nur der Blick in die Thüringer Landschaft. Und der ist phänomenal schön.

Adresse nordwestlich vom »Berggarten« (Berggartenweg 50) am Wald, 99867 Gotha | ÖPNV Stadtbus C, Haltestelle Zeppelinstraße, zu Fuß weiter Eisenacher Straße, dann rechts in den Berggartenweg | Anfahrt Eisenacher Straße, rechts in den Berggartenweg, parken an der Gaststätte, zu Fuß Richtung Westen bergauf bis zum Turm | Öffnungszeiten jederzeit zugänglich | Tipp Das Wandersleb-Denkmal steht oberhalb vom Berggarten auf dem Weg zum Turm.

19 Das Cobstädter LebensGut

Mehr Kommen als Gehen

Cobstädt hinter den sieben Bergen … nein, hinter Seebergen (von Gotha aus gesehen) ist ein Dorf von knapp 400 Seelen, wie man früher sagte. Heute sind einige beseelt, nämlich von einem Traum. Sie sind hergezogen, um diesen zu leben.

Aus Cobstädt ist mal einer weggegangen: Johann Christoph Sachse. Als er 1762 zur Welt kam, ließ man ihn nottaufen. Aber er gedieh und wurde als Erwachsener zu einem Ultramarathon-Wanderer, lief kreuz und quer durch die deutschen Staaten bis an die niederländische Küste. Dann wurde er sesshaft und Bibliothekar in Weimar, schrieb ein Buch über »Leben, Wanderungen und Schicksale Johann Christoph Sachses, eines Thüringers im Jahre 1822«. Goethe schrieb das Vorwort.

Und die Zugezogenen? »Wenn einer allein träumt, ist es nur ein Traum. Wenn viele gemeinsam träumen, ist das der Anfang einer neuen Wirklichkeit!« Diesen Spruch vom Befreiungstheologen Hélder Câmara liest man als Erstes, wenn man auf die Internetseite des »LebensGuts Cobstädt« klickt. Es ist ein sozialökologisches Gemeinschaftsprojekt. Junge Leute zogen 2004 raus aus der Stadt Erfurt, um ihren Traum von selbstbestimmter Nachhaltigkeit zu gestalten. Mehrere Wohn- und Lebensgemeinschaften bilden nun ein kleines Netzwerk, an das gern weitere Träumer anknüpfen können. Aber alle wissen: Wenn es nur beim Träumen bleibt, wird der Traum nie Wirklichkeit. Auf vier Gehöften, rundherum über zehn Hektar Vereinsgelände, wird kooperativ gearbeitet. Und sie haben im Lutherland Thüringen nicht nur ein Apfelbäumchen gepflanzt. In ihrer Baumschule wächst ein »Genpool« – rund tausend Obstsorten. Davon stehen auch viele neu gepflanzte Bäume am Jakobsweg. Obstbäume. Die Pilger freut's. Die beseelten Wanderer finden in einer Herberge Obdach, die die Leute vom »LebensGut« gemeinsam mit der Kirchengemeinde eingerichtet haben. Alle anderen Neugierigen werden gebeten, sich vor einem Besuch anzumelden.

Adresse Büro Lebensgut (auch Pilgeranmeldung): Schulplatz 8, 99869 Drei Gleichen-Cobstädt, Tel. 01573/1748321 und 036202/78765 | ÖPNV mit dem Zug nach Wandersleben und dem Weg an den Gleisen Richtung Westen folgen (30 Minuten), Abholung nach Absprache möglich | Anfahrt A 4, Abfahrt Neudietendorf, über Neudietendorf, Großrettbach nach Cobstädt | Tipp Nördlich der Cobstädter Kirche wächst am Pfaffenstieg eine »Lügenlinde«. Rasten und über Selbstlügen nachdenken möglich.

20_Das DDR-Museum

Eine private Sammlung

Wer schon immer mal bei fremden Leuten die Schränke öffnen und ein bisschen rumschnüffeln wollte, der darf das hier. Manche gleichen dann ab, welche der Exponate auch bei ihnen in Küche, Kinder- und Wohnzimmer zu finden waren. Das kleine, private Museum versteht sich als unpolitisch, als Sammlung von Alltagsgegenständen. Die meisten Sachen stammen aus der Vergangenheit der Museumsleute, Dinge, die oft durch die Hände der Familienmitglieder gegangen sind. Es soll erinnert werden, nicht verherrlicht. Die häufigste Frage im Museum: »Weißt du noch?« Die immer wieder gemachte Feststellung: »Guck mal, das hatten wir doch auch!«

Man kann ans Handy verlorene Kinder mal hier mit reinbringen, um ihnen nur eine Aufgabe zu stellen: Kannst du noch ein altes Festnetztelefon mit Wählscheibe benutzen? Einige sind schon gescheitert. Auch vor den Radios – und nicht nur vor den mit den Röhren, sondern auch vor den Transistorgeräten – haben junge Leute kopfschüttelnd gestanden, nicht verstehend, wie ihre Eltern oder Großeltern überhaupt überleben konnten. Wie, ohne Computer? Und wenn man ihnen erklärt, dass man etwas teilen kann, ohne Facebook zu benutzen – ungläubiges Staunen. Aber es gibt auch eine Ecke mit Autos und Brettspielen. Das »damalige« Spielzeug weiß auch das Kind von heute noch gut zu gebrauchen.

Am Museumstag und zum alljährlichen Hoffest werden die extra für diese Tage bereitgestellten Mopeds, Motorräder und die alten Wartburgs oder Trabants umlagert. Manchmal steht auch ein Volkspolizei-Wagen da, und dann summt jemand das Lied vom Volkspolizisten, der es gut mit dir meint und dich über die Straße bringt, weil er dein Freund ist. Wenn angekündigt wird, dass es zum Hoffest Soljanka nach Originalrezept (natürlich mit Sahne-Blubb), Fettbemmen und Thüringer Blechkuchen gibt, kommt das Publikum gern in kleinen Scharen. Vielleicht gab es ja doch ein richtiges Leben im ehemaligen falschen.

Adresse Mohrenstraße 23, 99867 Gotha | Anfahrt A 4, Abfahrt Gotha, B 247 Ohrdrufer Straße, Enckestraße, Steinmühlenallee, Mühlgrabenweg, Mohrenstraße | Öffnungszeiten am 1. Sa im Monat 13–17 Uhr und zum Museumstag und Hoffest | Tipp Mit einem lila Bus kann man die Stadtrundfahrt (Audiotour) durch Gotha machen. Anmeldungen Tourist-Info (Tel. 03621/510450).

21 Das Deutsche Versicherungsmuseum

Nur ein Gefühl von Sicherheit

Vollständig heißt es: Deutsches Versicherungsmuseum Ernst Wilhelm Arnoldi. Der Eintrittspreis ist geradezu lächerlich. Und man muss nicht mal im Ausgleich eine Versicherungspolice unterschreiben. Namensgeber Arnoldi gilt als Vater des modernen Versicherungswesens, obwohl es vor seiner 1820 in Gotha gegründeten Feuerversicherungsbank »für kaufmännische Waarenlager, Kaufmannshäuser und Mobiliare« schon andere Versicherungsunternehmen gab. Aber Arnoldi dachte – trotz der territorialen Zersplitterung Deutschlands – über die sachsen-coburg-gothaischen Grenzen hinaus. Zur Feuerversicherung kam die Lebensversicherung dazu, aber bis alles durchgerechnet und amtlich bestätigt und vom herzoglichen Staatsoberhaupt leutselig erlaubt worden war, vergingen Jahre. 1829 war es so weit. Das Geschäft startete in Arnoldis Wohnhaus am Oberen Hauptmarkt. Die Versicherungsbank arbeitete – und wer gewann? Wie immer: die Bank. Schnell war genug Gewinn gemacht, um sich zu vergrößern. 1894 wurde das imposante Verwaltungsgebäude in der Bahnhofstraße bezogen. Heute befindet sich darin – neben dem Thüringer Finanzgericht und dem Sozialgericht Gotha – das Versicherungsmuseum.

Man kann sich die bunte Geschichte des Versicherungswesens beschauen. Früher war es üblich, an den Häusern der Kunden die Schilder ihrer Versicherungen anzuschrauben. Diese farbenfrohen Emaille-Schilder erzählen von den Erfolgen, aber nicht den Konflikten. Anfangs gab es sogar Tote. Als 1826 im Fürstentum Reuß-Lobenstein-Ebersdorf die Brandversicherung zwangseingeführt wurde, protestierten die Betroffenen. Armeekräfte rückten an und erschossen 17 Protestierende.

Heute geht es hier friedlich zu. Im repräsentativen Treppenhaus darf man sich über die »Lebensstufen«-Reliefs des Leipziger Bildhauers Adolf Lehnert Gedanken machen.

Adresse Bahnhofstraße 3a, 99867 Gotha | ÖPNV Straßenbahn 1, 2, 4, Haltestelle Bahnhofstraße | Anfahrt A 4, Abfahrt Gotha, auf B 247 über Stielerstraße, Mozartstraße, Parkplatz suchen; oder vom Bahnhof zu Fuß in die Bahnhofstraße | Öffnungszeiten Mo 10–16 Uhr, ansonsten für Gruppen Besuchstermine vereinbaren über Tel. 0171/3522937, dvm-gotha@web.de oder tourist-info@gotha.de | Tipp Vor der Tür fährt die Gothaer Waldbahn, die klingelt durch Gotha bis Bad Tabarz und Waltershausen über Feld und Flur und durch den Wald.

22 Das Dorotheenbad

Das Reich des Gottes in Weiß

Ein Mietshaus. Wohnungen. Wo ist das, was draußen dransteht? Dorotheenbad? Nur noch wenige wissen etwas über das »Medico-mechanische Institut«. Zunächst wuchs im Frieden nach der Reichsgründung 1871 die Stadt Gotha in fast alle Richtungen. Anfang der 1880er Jahre erschien die Dorotheenstraße, die eigentlich Dorotheastraße heißen müsste, neu auf dem immer größer werdenden Stadtplan. Namenspatin war Herzogin Luise Dorothea, durch ihr Naturell und ihre offenkundige Klugheit eine der beliebteren Landesmütter.

Die Nummern Dorotheenstraße 23 und 25 tauchen im Adressbuch im Jahr 1900 als »Wasserheilanstalt und Pensionshaus« auf. Betreiber ist ein Dr. Willy Müller. Zwei Jahre später firmiert Müller als leitender Arzt und schreibt sich hochherrschaftlich feiner: Dr. Mueller, praktischer Arzt für Apparattherapie und Elektrotherapie. Er hat noch ein Haus in die Baulücke setzen lassen, fortan sind die Häuser 23, 25 und 27 (bald auch 29) das Reich des Arztes, der zudem ein Luft- und Sonnenbad betreibt. Dr. Mueller behandelte orthopädische Krankheiten, aber auch Nervenleiden. Er arbeitete mit neuesten Gerätschaften, die – wenn man sich heute Fotos von seiner Heilanstalt ansieht – mehr an mittelalterliche Streckbänke und den elektrischen Stuhl erinnern. Seinerzeit war es aber eine wissenschaftlich anerkannte Klinik, Vorbild für später errichtete Anstalten. Dr. Mueller war aktiver Mitbegründer des Landesvereins vom Roten Kreuz, sammelte Geld für die ersten Krankenwagen in Gotha, trat freudig und frühzeitig der NSDAP bei und starb als SA-Hauptsturmführer und erster Sturmbannarzt.

Sein Institut in der Dorotheenstraße schloss schon in den 1920er Jahren. Kurzzeitig produzierte die »Vechefa« (Vereinigte Chemische Fabriken Eisenach) hier Seife und Parfüm. 1937 kaufte die Stadt die Gebäude und ließ sie zu Wohnhäusern umbauen. Der Schriftzug am Haus blieb.

Adresse Dorotheenstraße 23/27, 99867 Gotha | ÖPNV Straßenbahn Linien 1, 3, 4, Haltestelle 18.-März-Straße, dann Waltershäuser Straße, Dorotheenstraße | Anfahrt A 4, Abfahrt Gotha, B 247 bis große Kreuzung, dort links in Stielerstraße, weiter Bebelstraße, Parkstraße, rechts Uelleber Straße, Cosmarstraße, links Waltershäuser Straße, rechts Dorotheenstraße | Tipp Das Stadt-Bad Gotha in der Bohnstedtstraße 6 ist ein wiedererstandenes Jugendstil-Kleinod mit Schwimmhalle, Plansch- und Lehrschwimmbecken, mehreren Saunen und Tepidarium.

23 Eberts Genusshandlung & Kaffeerösterei

Ein kleines Aromaparadies

Was die Menschheit alles erfunden hat, um Lebensmittel haltbarer zu machen! Räuchern ist so ein Verfahren. Geräuchert werden Fisch, Fleisch, Wurst, Käse, auch Tee, Tofu, Früchte und Eier. Bevor das rauchfreie Gerstenmalz erfunden wurde, gab es eigentlich nur Rauchbier, was heute so manchem Bamberg-Besucher die Biertrinkergeschmacksnerven malträtiert. Es gab Zeiten – Gothaer erinnern sich dunkel –, da gehörte Räucheraal zu den Dreifarbenfischen: Grün gefangen, braun geräuchert, schwarz verkauft. Ein rares Produkt. Und wer bisher noch nie etwas von geräuchertem Kaffee gehört hat, wird am Nelkenberg (oder in der Erfurter Michaelisstraße) fündig.

Namen sind nicht Schall und Rauch, denn der Name Ebert ist weit über Gotha hinaus bekannt. Das Gourmet-Magazin »Der Feinschmecker« hat die Manufaktur unter die besten Cafés und Röstereien Deutschlands gewählt. Der namensgebende Chef hat in der Café-und-Kaffee-Hauptstadt Europas, in Wien, Kaffee-Sommelier gelernt. Ein Sommelier (weiblich: Sommelière) ist ja eigentlich ein Weinkellner, einer mit feiner Nase und sensiblen Geschmacksknospen. Mittlerweile haben sich aber auch andere Genussssparten den Fachbegriff gegriffen, um die eigenen Fachleute zu adeln. Und wenn man weiß, dass es eine große Kunst ist, Kaffee zu rösten, um rund 1.000 mögliche Aromen aus der grünen Bohne herauszukitzeln beziehungsweise hineinzurösten, die dann beim Kaffeezubereiten auch den merklichen Unterschied machen, ist Sommelier nicht verkehrt.

Bei Eberts kann man sich seinen ganz eigenen Kaffee kreieren lassen. Und man bekommt, wenn man möchte, noch mehr Varianten: zum Beispiel den ersten Thüringer Whiskey-Kaffee und Rum-Espresso. Und weil Genuss mehr ist als Kaffee, wurde die Genusspalette breit gefächert.

Adresse Nelkenberg 3, 99867 Gotha | Anfahrt A 4, Abfahrt Gotha, B 247 Ohrdrufer Straße, Enckestraße, Steinmühlenallee, Mühlgrabenweg, Mohrenstraße, am Kreisverkehr gleich rechts | Öffnungszeiten Mo – Do 12 – 18, Fr 12 – 16 Uhr (im Internet rund um die Uhr) | Tipp Die Produkte einer weiteren Gothaer Kaffeerösterei kann man in der Gartenstraße 21 probieren und kaufen.

24 Der Elefant am Band

Das elefantastische Gotha

War jemals ein lebendiger Elefant in Gotha? Vielleicht mal mit einem Zirkus. Aber dieses hierorts so äußerst selten vorkommende Tier hat die Phantasie der Leute angeregt. Vor allem oben im Schloss, als 1678 Herzog Friedrich I. (und später noch zwei weitere Fürsten) den Königlich-Dänischen Elefantenorden verliehen bekam, den ältesten und höchsten dänischen Ritterorden. Ein Elefant an einem himmelblauen Band.

Man kennt das ja von Leuten, die Pinguine, Schweine, Eulen oder sonst welche Tierfiguren sammeln – sie werden mit entsprechenden Geschenken überhäuft. Irgendwann quellen die Wohnungen über. Im Schloss war ausreichend Platz für all die elefantösen Kostbarkeiten, darunter der kleine goldene Dinglinger-Elefant. So ein schöner steht nicht einmal am Thron des Großmoguls im Grünen Gewölbe Dresden. Und das kleine Rüsseltier, das über der Fürstenloge in der Gothaer Augustinerkirche hängt, sieht auch sehr gut aus. Eine Ausstellung zeigte einmal die Vielfalt der fürstlichen Elefantensammlung aus Gold, Silber, Bernstein und natürlich Elfenbein. Ein wunderliches Wort: Elfen-Bein. Das klingt phantastischer als Elefantenzahn.

Und ganz verrückt ist die Geschichte von der 1857 in Thüringen verstorbenen Zirkuselefantin Miss Baba, deren Tod Anlass für ein nur alle 25 Jahre stattfindendes Volksfest in Niederroßla (Kreis Weimarer Land) ist. Die Haut der Elefantendame liegt – nach früheren, sehr unprofessionellen Ausstopfungsversuchen – in den naturkundlichen Sammlungen in Gotha. Übrigens gab es doch schon lebendige Elefanten hier, aber da gab es Gotha noch nicht. 1695 fanden Bauern in Tonna 100.000 Jahre alte Tierknochen. Einige Gelehrte meinten, das seien ungewöhnliche Steine, aber der herzogliche Hofhistoriograph Wilhelm Ernst Tentzel schrieb in seiner Abhandlung »Epistola de sceleto elephantino«, es seien Überreste vorsintflutlicher Elefanten. Und er sollte recht behalten.

Adresse Fürstenloge Augustinerkirche, Jüdenstraße 27, 99867 Gotha | **ÖPNV** Straßenbahn 1, 3, 4, Haltestelle Myconiusplatz, dann in Augustinerstraße oder Jüdenstraße | **Anfahrt** A 4, Abfahrt Gotha, B 247 bis große Kreuzung, dort links in Stielerstraße, weiter Bebelstraße, Parkstraße, rechts in die Lindenallee, links Bergallee, rechts Bürgeraue, gleich rechts Augustinerstraße, Parkplatz suchen | **Öffnungszeiten** wenn am Eingang Augustinerstraße ein Schild steht; wochentags Eingang über Café und Kreuzgang | **Tipp** Im Augustinerkloster (Herberge) kann man übernachten, tagen oder feiern (Gemeindesaal) und frischen Blechkuchen essen (Klostercafé, Mo – Fr 11 – 17 Uhr).

25 Die Emminghaus-Villa

Ein DGzRSler in Thüringen

Das Haus wurde extra für ihn gebaut, da war er schon 63 Jahre alt und träumte von einem Alterssitz, einer Villa im Residenzstädtchen Gotha, wo er sein Pensionärsdasein in Ruhe verbringen konnte. Es war das letzte Mal, dass er umzog. Bei Arwed Emminghaus stand sehr oft der Möbelwagen vor der Tür. Oder zog man zur Zeit des 1831 Geborenen anders von Ort zu Ort? Seine sieben Kinder (ein achtes starb schon mit zwei Jahren) müssen das Umzieh-Gen des Vaters geerbt haben, keines blieb in seinem Geburtsort.

Während Arwed Emminghaus' Kindheit und Schulzeit in Bad Berka, Keilhau und Weimar war das Elternhaus in Niederroßla ein sicherer Hafen. Aber dann führten ihn Studium und Berufslaufbahn nach Jena, Weimar, ins schweizerische Bern, ins norddeutsche Bremen, nach Karlsruhe und letztlich 1873 ins herzogliche Gotha, wo er nach arbeits- und sehr erfolgreichen Jahren 1916 starb. Nach dem Gothaer Ehrenbürger wurde eine Straße benannt. Und noch eine in Kiel. Warum der Mann auch an Norddeutschlands Küsten geehrt wurde, darauf verweist ein Schiff. Am Bug des Museumsschiffs, das in Burgstaaken auf der Insel Fehmarn aufgebockt ist, steht der Name des umtriebigen Thüringers, denn Arwed Emminghaus war während seiner Bremer Zeit federführend beteiligt an der Gründung des organisierten Seenotrettungswesens in Deutschland. Heute heißt es »Deutsche Gesellschaft zur Rettung Schiffbrüchiger«. Besucher können den Seenotrettungskreuzer durchstreifen, dessen Beschilderung Isländisch ist, denn das Schiff stand bis zur Museumsreife im Dienst der isländischen Seeretter.

Emminghaus ist zudem einer der BWL-Erfinder. Moderne Betriebswirtschaft lehrte Professor Emminghaus ab 1866 im Polytechnikum Karlsruhe, wo extra für ihn der BWL-Lehrstuhl neu eingerichtet wurde. Das wichtigste Lehrbuch für seine Kurse hatte Emminghaus natürlich selbst geschrieben, die »Allgemeine Gewerkslehre«.

Adresse Schöne Allee 2, 99867 Gotha | **ÖPNV** Straßenbahn 1, 2, 4, Haltestelle Bahnhofstraße, an der großen Kreuzung in die Schöne Allee | **Anfahrt** A 4, Abfahrt Gotha, B 247 Ohrdrufer Straße bis große Kreuzung, dort links in Stielerstraße, rechts Mozartstraße, bis zur nächsten großen Kreuzung, dort rechts in die Schöne Allee | **Tipp** Wenn Sie ganz privat italienisch bekocht werden möchten (maximal 25 Personen), dann buchen Sie die »Casa diavolo«. Wo? Schöne Allee 2.

26 Das Fächer-Kabinett

Meisterwerke der Mode

Kann man mit diesen Gegenständen geheime Kurznachrichten austauschen? Morsen? Sind Fächer die Enigma des Rokoko? Zäh hält sich die Überzeugung, dass Frauen damit nonverbale Botschaften aussendeten und, noch unglaublicher, dass die zumeist männlichen Empfänger dieselben auch entschlüsseln konnten. Es gibt ein Buch von 1757, darin wird beschrieben, wie der Fächer zu halten ist, um die jeweilige Gemütsbewegung zu signalisieren. Aber was bleibt in einer Geheimsprache geheim, wenn sie alle lesen können? Da war es sicher sicherer, den Fächer wie ein Taschentuch gaaanz zufällig fallen zu lassen, auf dass der Galan ihn aufheben und mit Verschwörerblick zurückgeben konnte. Vielleicht war die Fächersprache einfach ein Marketing-Gag der Hersteller, die ihren Produkten erotisch angehauchte Eigenschaften andichteten.

Eigentlich ist so ein Fächer ein Gebrauchsgegenstand. Tiere verjagen mit ihren Schwänzen die Fliegen, Menschen wedeln mit Fächern, verjagen schlechte Gerüche und fächeln sich Luft zu. In Asien nutzt man dieses Hilfsmittel bis heute, übrigens Frauen und Männer. Dort werden Fächer auch als Theaterrequisit oder als Mordwaffe eingesetzt. Beim Tessen-Jutsu, einer Kampftechnik der Samurai, kam der eiserne Fächer zum Einsatz. Von der zweiten Hälfte des 17. Jahrhunderts bis in die Jahre vor dem Ersten Weltkrieg waren Fächer Modeaccessoires, immer aufwendiger gestaltete filigrane Luxusgüter für die eleganten Damen der höheren Gesellschaft oder für Frauen, die dort oben mitspielen wollten.

Der abwechslungsreichste Ausstellungsteil des Herzoglichen Museums ist die Fächerausstellung. Mehrere hundert dieser kleinen Kunstwerke liegen im Depot und werden unter unterschiedlichen Überschriften wechselnd ausgestellt. Angefangen hat alles mit der Sammelwut des Herzogs August von Sachsen-Gotha-Altenburg, der seinen Einkäufer Joseph Meyer in England auf Fächerjagd schickte.

Adresse Schlossplatz 2, 99867 Gotha | **Anfahrt** A 4, Abfahrt Gotha, B 247 Ohrdrufer Straße bis große Kreuzung, links in Stielerstraße, rechts Mozartstraße, nächste große Kreuzung links in Parkallee, vor bis Museumsparkplatz | **Öffnungszeiten** Di–So April–Okt. 10–17 Uhr, Nov.–März 10–16 Uhr | **Tipp** Natürlich sollte man sich das ganze Museum anschauen, mit dem »Gothaer Liebespaar« (dem ersten Doppelbildnis nichtchristlichen Inhalts), den Cranachs, dem Tafelaltar, mit Mumien, Skulpturensaal, Böttgerporzellan, den Korkmodellen berühmter Gebäude und vielem mehr.

27 Der falsche Freytag

Ein Dichter namens Müller

»In einem kleinen Dörfchen geboren und erzogen, ohne daß mir mehr als die allernöthigste Schulbildung, die eine Landschule gewähren kann, zu Theil geworden, dabei von meinem 13ten Lebensjahre an als Fabrikarbeiter (Porzellandreher) thätig, fühlte ich seit meiner frühesten Jugend den unabweisbaren Drang in mir, in den wenigen Stunden der Muse, die mir neben meiner äußerst anstrengenden Berufsthätigkeit übrig geblieben, den Gefühlen meines Herzens in poetischen Ergüssen Ausdruck zu verleihen. Und so entstand denn im Laufe der letzten Jahre eine kleine Sammlung schlichter und anspruchsloser ›Poetischer Lebensbilder‹, die ich, von meinen Freunden dazu aufgemuntert, hiermit dem Publikum mit der Bitte übergebe, meinen schwachen Leistungen eine nachsichtige Beurtheilung nicht zu versagen. Nauendorf bei Ohrdruf im Okt. 1865. Der Verfasser.«

Dieses gleichzeitig anrührende und schelmische Buchvorwort muss man, einschließlich dem Schlusspunkt hinter »Verfasser«, vollständig zitieren. Aber wer ist der lyrisch angehauchte Arbeiterkader? Jedenfalls nicht Gustav Freytag, wie unter den Versen an der Fassade zu lesen steht. Die vier Zeilen »Alle Sorgen bis auf morgen / Mögen sie verschoben sein; / Mein Geleite sei für heute / Ruh' und Frohsinn nur allein« schrieb Friedrich Jacob Müller als zweite Strophe seines sehr langen Gedichts »Feierabend«, nachzulesen in »Poetische Bilder aus dem Leben von Fr. Jacob Müller«, in dem auch das Vorwort zu finden ist. Das Buch hatte Müller auf eigene Kosten im Selbstverlag drucken lassen und gab es dem Verleger August Stadermann »in Commission«. Gedichte waren beliebter Lesestoff und so erschienen 1866 noch zwei Auflagen.

Möge sich jemand finden, der die kunstvoll gestaltete Fassade und damit das Müller-Gedicht rettet. Die Geschichte vom falschen Gustav und wahren Friedrich ist hiermit der Nachwelt weitererzählt.

Adresse Weimarer Straße / Ecke Kindleber Weg, 99867 Gotha-Siebleben | Anfahrt A 4, Abfahrt Gotha, B 247 Ohrdrufer Straße bis große Kreuzung, dort rechts in Stielerstraße, Fichtestraße, Salzgitterstraße, links in Mönchallee, rechts in Weimarer Straße, links Kindleber Weg | Tipp Geht man in der Siebleber Wilhelm-Umbreit-Straße fast bis an den Ortsrand, sieht man rechts im Ahornweg, dass Neubauhäuser durchaus gemütlich aussehen können.

28 Die Feuertafel

Es brennt! Es brennt!

Zweimal krähte der rote Hahn. Zweimal fegte ein Feuersturm durch Molschleben, ausgelöst durch unvorsichtigen Umgang mit offenem Licht. Zumindest sprachlich komisch mutet es an, wenn davon die Rede ist, dass durch die Feuersbrünste der Ort fast ausgelöscht wurde. Es gab nichts mehr zu löschen. In beiden Fällen. Und so etwas wie eine Feuerwehr gab es weder als freiwillige, geschweige denn als Berufslöschmannschaft.

Etwas kurios erscheint die Ursache für den zweiten Großbrand. Mitten in dunkelster Nacht, um 23 Uhr am 4. Mai 1778, suchte die Frau des Bürgermeisters Büchner im Haus herum. Der Schultheiß vermisste seine Schnupftabakdose, und sein Eheweib musste, ganz sicher auf Geheiß des Herrn Ehgemahl, mit der Kerze in alle Ecken leuchten. Ergebnis: 127 Wohnhäuser, 36 Ställe und 80 Scheunen abgefackelt.

Am 11. November 1764 kokelte vormittags ein alleingelassener Junge – wie Paulinchen aus den »Struwwelpeter«-Geschichten Heinrich Hoffmanns – in der Honiggasse mit Feuer herum. Mutter und Vater weilten außer Haus, höchstwahrscheinlich in der Kirche. Das war ihr und vieler Einwohner Glück, denn aufkommender starker Wind blies alles zu einem flammenden Inferno: 122 Wohnhäuser mit Stallungen und 72 Scheunen, beide Schulen, das Badehaus und die Gemeindeschenke brannten ab. Alle diese Gebäude waren zum Großteil aus Holz errichtet und mit Stroh gedeckt. Die Kirche war zum Glück ein ziegelgedeckter, massiver Steinbau, worin die Gemeinde überlebte.

Wie auf der Tafel zu lesen, entstand »alhier durch verwahrlosung eines bösen Knaben und Zulassung Gottes« (auch der wurde nicht so einfach aus der Verantwortung entlassen) das Großfeuer. Schultheiß Büchner wird als Wiederaufbauverantwortlicher genannt. Nicht mal 14 Jahre später führt das Verschwinden seiner Schnupftabakdose zur erneuten Katastrophe. Die Feuertafel erinnert an den Feuerteufel.

Adresse Schenksplatz 8, 99869 Molschleben | ÖPNV Bus 890, Haltestelle Schenksplatz Molschleben | Anfahrt A 4, Abfahrt Gotha, B 247 durch Gotha bis rechts Kindleber Straße, in Kindleben auf L 1027 nach Molschleben, parken am Landgasthof »Zur Krone«, dann wenige Schritte links | Tipp Die ehemaligen Molschlebener Torflöcher in den Kälberwiesen (Richtung Bufleben) wurden renaturiert und sind nun Lebensraum für Kammmolche, Grasfrösche, Libellen und viele Wasservögel.

29 Das Foucaultsche Pendel

Und sie bewegt sich doch

Merkt man eigentlich, dass sich die Erde bewegt, dass sie sich dreht? Man kann es schlussfolgern, wenn man Sonne, Mond und Sterne beobachtet, beim Herumstehen auf der unwuchtigen Erdkugel bekommt man jedoch keinen Drehwurm. Aber die Erde dreht sich. Der französische Physiker Leon Foucault hat es 1851 im Pariser Pantheon vorgeführt. Er hängte an ein 67 Meter langes Seil eine schwere Eisenkugel, und die bewegte sich sichtbar. Foucault hatte unten an der Kugel einen Eisenstift anbringen lassen, und der Stift malte Spuren in ein Sandbett auf dem Fußboden. Warum? Foucault schlussfolgerte, dass man sah, wie die Erde sich unter dem Pendel wegdrehte. Seit 1990 können das Schülerinnen und Schüler des Arnoldi-Gymnasiums in ihrem Schulhaus nachvollziehen. In dem turmartigen Anbau, den man von der Eisenacher Straße aus sieht, hängt inmitten der Wendeltreppe ein Foucaultsches Pendel.

Als 1876 die »Höhere Bürgerschule« gegründet wurde, gab es noch kein Gebäude. Auch 1882 – seitdem trägt man den Ehrennamen Arnoldi – gab es noch kein Schulhaus. Das wurde erst 1911 nach zweijähriger Bauzeit fertiggestellt. Am 29. Mai dieses Jahres zogen Lehrer und Schüler (Schülerinnen kamen erst 1946 dazu) in einem bunten Zug quer durch die Stadt. Vornweg wehte im Zug die Schulfahne, die Lehrerschaft nickte leutselig den zahlreich Spalier stehenden Gothaern zu. Schüler trugen den größten Globus wie eine Heiligenfigur, andere präsentierten schwere Folianten, Gipsmodelle, ein ausgestopftes Krokodil und einen Andenkondor oder eine Elektrisiermaschine. Ein wahrhaft bildungsschwerer Umzug in eine Schule, in der es sogar ein vom Sparkassenverein gespendetes Meerwasseraquarium gab und in der Aula eine große, elektrisch angeblasene Schulorgel. Und moderne »Pissoiranlagen«, Klosetts mit selbsttätiger Wasserspülung. Bei der Volksbildung wurde nicht gespart. Damals.

Adresse Arnoldi-Schule, Eisenacher Straße 5, 99867 Gotha | **ÖPNV** Stadtbus C, Haltestelle Eisenacher Straße | **Anfahrt** A 4, Abfahrt Gotha, B 247 Ohrdrufer Straße, geradeaus Enckestraße, Steinmühlenallee, Justus-Perthes-Straße, rechts Friedrichstraße, Ekhofplatz, Arnoldiplatz, dann links in Gartenstraße, am Bertha-von-Suttner-Platz leicht rechts in Eisenacher Straße | **Öffnungszeiten** nur an Tagen der offenen Tür | **Tipp** In Gotha gibt es viele imposante alte Schulgebäude, unter anderem am Trützschlerplatz oder die Herzog-Ernst-Schule in der Reinhardsbrunner Straße.

30 Frankenbergs Gartenhaus

Der Diener dreier Herzöge

Gibt es irgendwo auf der Welt ein Denkmal für Finanzminister? Also keins, das sie sich selbst gesetzt haben, indem sie das Geld der Steuerzahler reichlich in irgendein Prestigeobjekt fließen ließen, sondern eben ein Denkmal für den obersten Steuereintreiber persönlich? Im Gothaer Schlosspark steht eins. Darauf ist die Inschrift zu lesen: »Dem unvergeßlichen Sylvius gewidmet«. Herzog Friedrich IV. von Sachsen-Gotha-Altenburg hat es 1816, ein Jahr nach dem Tod seines Steuerministers Sylvius Friedrich von Frankenberg und Ludwigsdorff, setzen lassen. Der unvergessliche Sylvius war ein halbes Jahrhundert einer der leitenden Diener des kleinen Staates. Zum 50. Dienstjubiläum schickte Goethe ein Glückwunschgedicht. Und Napoleon lüftete bei einem seiner Gotha-Besuche den Dreispitz und sagte: »Die Regierung ist in Siebleben.« Damit meinte er das Haus in Siebleben, in dem Frankenberg und seine geistvolle Frau Friederike (von fürstlichen Freunden vertraulich »Lady Fifry« genannt) lebten. Und sie lebten auch hier in der heutigen Lucas-Cranach-Straße, Friederike erging sich im Garten, wenn der Ehemann seiner Profession als Wirklicher Geheimer Rat im Gothaer Ratskollegium oder ab 1788 als Staatsminister nachkam. Alles ging seinen Gang.

Drei Herzöge nacheinander versicherten sich der Dienste Sylvius von Frankenbergs. Der pekuniäre Verdienst ermöglichte den Frankenbergs, 1803 viel Geld zu spenden, um ein Krankenhaus zu bauen. Im Frankenbergschen Krankenhaus in der Großen Fahnenstraße wurde bis 1879 Patienten geholfen.

Das Gartenhaus verkam Anfang des 20. Jahrhunderts zum Lagerhaus. Die Balken verfaulten, eine Längsfuge klaffte auf. Die Stadt kaufte es und ließ es mit großem Aufwand 1940 restaurieren. Balkon und Säulen mussten abgetragen und wieder aufgebaut werden. Zeitweilig wurde das Gartenhaus als Kindergarten genutzt. Heute wohnt man im Denkmal.

Adresse Lucas-Cranach-Straße 9a, 99867 Gotha | **Anfahrt** A 4, Abfahrt Gotha, B 247 bis große Kreuzung, dort links in Stielerstraße, weiter Bebelstraße, Parkstraße, rechts in die Lindenallee, links Bergallee, rechts Bürgeraue, gleich rechts Augustinerstraße, weiter in Lucas-Cranach-Straße | **Öffnungszeiten** Wenn das Tor offen ist, darf man in den Innenhof. | **Tipp** Unter Denkmalschutz steht auch das Trafohäuschen in der Jägerstraße: ein Symbol für technischen Fortschritt durch Elektrifizierung.

31 Das Freilandaquarium

Kein trockener Schulstoff

Auf einem Foto von 1890 treten vier Schulbuben aus dem Schilf, um ihren Lehrer zu beobachten, wie er mit einem Kescher im Teich herumfischt. Rechts steht auf einem schmalen Brett ein weiterer Herr, mit Melone (damals ein Hut), Sakko, Weste und Hose bekleidet, als müsse er noch zu einem offiziellen Termin. Der schnurrbärtige Melonenmann, dessen Hosenbeine so aussehen, als hätten sie schon Bekanntschaft mit dem Teich gemacht, schaut aufmerksam zum keschernden Lehrer. Die pädagogische Fachkraft für Biologie ist Jakob Schäffer, der Initiator des ersten deutschen Freilandaquariums. 1882 wurde seine Idee Wirklichkeit, der erste Teich entstand. Zwei weitere folgten.

Das Freilandaquarium ist nun, nach Jahren des Verfalls und der Zerstörung, auf dem Weg, wieder die Oase von früher zu werden. Der historische Zustand ist annähernd wiederhergestellt, freilich in modernem Gewand, sozusagen. Wenn man die Natur lässt, gewandet sie sich schon selbst, aber hier musste der Mensch helfen, den Wasserzulauf über den Königsbrunnengraben sichern und, noch viel wichtiger, die von dummen Zeitgenossen zerstörten Regulierungsbauwerke erneuern, damit die Teiche nicht wieder trockenfallen.

Es ist ein Aquarium ohne Fische. Jedenfalls sollen keine künstlich eingesetzt werden. Wenn sich jedoch ein Flossenschwimmer hierher verirrt, wird man ihn nicht der Teiche verweisen. Es sind drei: Schäferteich, Kleeblattteich (mit den seit der Rechtschreibreform wunderbaren drei aufeinanderfolgenden »t«) und der Röhrenteich. Ein feuchtbiotopisches Refugium für seltene Lurche, Molche, Frösche und Kröten. Da kommt gern mal die eine oder andere Ringelnatter zum Speisen vorbei. Auf den Wegen kann man flanieren. Die Schuljungen und -mädchen können zum naturnahen Unterricht ganz nah an zwei der drei Teiche kommen, ein bisschen keschern und sich die Hosenbeine nass machen. Jakob Schäffer hätte es gefreut.

Adresse Riedweg 16, 99867 Gotha | **ÖPNV** Stadtbus C, Haltestelle Am Tierpark, zu Fuß über Am Lindenhügel, dann links Riedweg | **Anfahrt** A 4, Abfahrt Gotha, B 247 Ohrdrufer Straße, links in Am Lindenhügel, dann links Gaststätte und Freilandaquarium im Riedweg | **Öffnungszeiten** (nach Fertigstellung) frei zugänglich | **Tipp** Wer länger bleiben möchte, kann im Gästehaus Luise (Mönchelstraße 9a) mit Gothaer Persönlichkeiten schlafen.

32 Die Freundwarte

Erinnerung an einen Gönner

Wenn man über den dicht bewaldeten Krahnberg und den Galberg wandert, muss man die Weitsicht und Wohltäterschaft eines Mannes bewundern: Der Berg wäre ohne Ehrenfried Freund eine kahle, freudlose Gegend. Auch das Stadtbad in der Bohnstedtstraße verdankt seine Entstehung dem Geld des gebürtigen Erfurters, der 1860 nach Gotha zog, dort als landwirtschaftlicher Unternehmer erfolgreich war und der Stadt viele Jahre als Senator diente. Kurz vor seinem 25-jährigen Jubiläum gab er das Ehrenamt auf, weil er keinen Rummel um seine Person wollte. Da der zeitlebens Unverheiratete und Kinderlose kein egoistischer Eigenbrötler war, ist nur zu vermuten, was ihn persönlich zu große Öffentlichkeit meiden ließ.

Freund spendete schon zu Lebzeiten, und auch sein Erbe vermachte er der Stadt. Im Testament des 1903 Verstorbenen waren unter anderem 6.000 Mark für den Bau eines Aussichtsturmes aufgelistet. Die Form des Turmes, den Stadtbaurat Ludwig Schrauff entwarf und der im Juli 1914 eingeweiht wurde, soll angeblich den Wachtürmen des Limes nachempfunden sein. In deutschnationalen Zeiten eine Erinnerung an das imperiale Bollwerk gegen die anbrandenden germanischen Horden?

Eigentlich egal, denn in den kommenden Jahren entwickelte sich dieser Ort zu einer Ausflugsgaststätte. Wobei das ursächlich einem Kleinkriminellen zu verdanken ist, der 1919 auf Diebestour auch hier Schaden anrichtete. Daher wurde neben der Warte ein kleines Wärterhaus gebaut, und damit dem Wärter das Warten nicht zu lang wurde, durfte er Getränke ausschenken und Genussmittel verkaufen. Der Zuspruch war so groß, dass es sich 1927 lohnte, einen Saal anzubauen. Parkplätze wurden angelegt, weil die Schwarzparker die Landstraße verstopften. Leider ist – außer zu Tagen des offenen Denkmals – der Turm nicht mehr öffentlich zugängig. Wenn man sich nähert, wird man polizeilich und polizeihündisch beäugt.

Adresse Trügleber Höhe, Eisenacher Straße, 99867 Gotha | ÖPNV Bus 830, Haltestelle Freundwarte | Anfahrt A 4, Abfahrt Gotha, B 247 Ohrdrufer Straße, geradeaus Enckestraße, Steinmühlenallee, Justus-Perthes-Straße, rechts Friedrichstraße, Ekhofplatz, Arnoldiplatz, dann links in Gartenstraße, am Berta-von-Suttner-Platz leicht rechts in Eisenacher Straße, dort aus Gotha heraus bis Freundwarte | Tipp Weiter auf der Eisenacher Straße 15 Fahrminuten über Teutleben, Weingarten nach Haina: Hofkäserei Burgmühle, Biohof mit Pension – kosten und übernachten.

33 Die Friedensglocken

Klang bürgerlicher Freigiebigkeit

Man muss nicht dem Ruf der Glocken folgen, man kann die Margarethenkirche auch als Museum besuchen. Der berühmteste und einflussreichste Gothaer Fürst, Herzog Ernst der Fromme, liegt hier in der Gruft. Neben ihm Frau und einige Kinder und Kindeskinder. Luise Dorothea, die Frau von Ernsts Urenkel, hatte verfügt, zu den Füßen des Herzogs begraben zu werden. Eine posthume Verbeugung vor Ernsts Größe. Eigentlich sollte auch Luise ein Grabdenkmal bekommen. Daraus wurde aber nichts. Insofern ist ihre Statue oben am Hauptmarkt ein lebendiger Gedenkausgleich. Wenn man sich die Baugeschichte einiger Gothaer Gebäude ansieht, fragt man sich, was die Leute dazu getrieben hat, immer und immer wieder um- und neu zu bauen. Zur Altes zerstörenden Bauwut kamen noch die Zerstörungen durch Krieg und Feuersbrünste hinzu. Und die Glocken der Margarethenkirche haben ihre eigene wechselvolle Geschichte.

Man muss sich vorstellen, dass die Gläubigen die Kirche regelmäßig füllten. Gotha, die Stadt an der großen Handelsstraße Via Regia, war zeitweilig so volksvoll wie Dresden oder Leipzig. Dazu kamen die Durchreisenden. Sie alle wurden bis 1917 von Bronzeglocken zum Gebet gerufen. Dann der kaiserliche Befehl, die Glocken einzuschmelzen. Der Kriegsherr ging nicht nur über Leichen, er überging auch das ungläubige Staunen der Gemeinden, wie mit ihren heiligsten Gütern umgegangen wurde. Als Anfang der 1920er Jahre neue Glocken gegossen wurden, entschied man sich für Stahl. Das Geläut überstand zwar die immensen Zerstörungen an der Kirche im Zweiten Weltkrieg, hielt aber nur bis 2014. Dann war mehrere Jahre Ruhe. In dieser Zeit jedoch gab es viel kreative Unruhe. Vier Bronzeglocken sollten neu entworfen, gefertigt und vor allem bezahlt werden. Zwei Gothaer Künstlerinnen und zwei Künstler gestalteten die Friedensglocken. Die Spendenbereitschaft auch vieler Atheisten war überwältigend.

Adresse Margarethenkirche, Neumarkt, 99867 Gotha | Anfahrt A 4, Abfahrt Gotha, B 247 Ohrdrufer Straße, geradeaus Enckestraße, Mühlgrabenweg, links Gartenstraße, Parkplatz suchen; zu Fuß Lutherstraße, dann links Neumarkt zur Kirche | Öffnungszeiten im Sommer Mo–Fr 10–13 Uhr, Mo und Fr auch 14–16 Uhr, Turmbesteigung möglich | Tipp Das Löffler-Haus, eine ehemalige Armenschule neben der Kirche, wurde in der Wendezeit gerettet und durch privates Engagement wiederbelebt.

34 Friedrichs Ruhe

Gerstäcker in Gotha

Wie? Der Abenteurer? Der Schriftsteller, der die Welt bereiste und spannende Bücher schrieb? Mitte des 19. Jahrhunderts, hinein in die hoffnungsvolle Zeit des Vormärz, erschienen »Die Flusspiraten des Mississippi« und »Die Regulatoren in Arkansas«. Da war große Freiheit beschrieben, geografische und gedankliche Weite, die es im uneinigen Deutschland nicht gab. Die Romane sind so authentisch – Friedrich Gerstäcker war ja dort, tätig als Heizer, Matrose, Jäger, Farmer, Silberschmied, Holzfäller und Hotelier –, so voller historischer Details, dass sie auch als populärwissenschaftliche Geschichtsbücher genutzt werden können. Arkansas, der US-Staat, hat den Autor zum Ehrenbürger ernannt. Und am 10. Mai, dem Geburtstag von Gerstäcker, feiern sie dort, eingeführt 1986 vom damaligen Gouverneur Bill Clinton, den »Friedrich Gerstäcker Day«. Sie sprechen den Namen etwas komisch aus, aber sie feiern. In Deutschland nicht. Deutsche Germanisten rümpften die Nase und ordneten Gerstäckers Bücher als »abgesunkene Erwachsenenliteratur« ein, Bücher, die für Erwachsene geschrieben, aber von Jugendlichen gelesen wurden. Was für eine intellektuelle Arroganz.

Von 1862 bis 1866 fand Familie Gerstäcker einen ruhigen Wohn- und Arbeitsort in Gotha. Aber was heißt schon Ruhe bei einem Ruhelosen? Herzog Ernst II. von Sachsen-Coburg-Gotha war seit Jahren einer seiner Fans und sein Gönner, Pate von Gerstäckers Sohn, der den Vornamen des Patenonkels trug. Als der Schriftsteller 1860/61 durch Südamerika reiste, tat er das ohne Sorgen, denn der Herzog hielt seine Hand über Gerstäckers Familie. 1862 lud Ernst II. zu einer Reise nach Ägypten ein. Da sagte Gerstäcker freilich nicht Nein. Wieder zurück in Gotha, schrieb er und übersetzte seine Werke gleich selbst ins Englische.

Mit nur 56 Jahren starb der Autor und Abenteurer Friedrich Gerstäcker im beschaulichen Braunschweig. Da plante er gerade eine Reise nach Asien und Indien.

Adresse das Wohnhaus stand ehemals in der Jägerstraße 1, 99867 Gotha | Anfahrt A 4, Abfahrt Gotha, B 247 Ohrdrufer Straße bis große Kreuzung, links in Stielerstraße, rechts Mozartstraße, nächste große Kreuzung links in Parkallee, links in Jägerstraße | Tipp Für professionelle Forscher mit Buchblick: Die Forschungs-Bibliothek in Schloss Friedenstein mit Weltdokumentenerbe Kitāb al-Masālik wa-'l-mamālik.

35 Die Friemarer Steine

Eine Millionen-Jahre-Geschichte

Friemar ist älter, als man glaubte. 1999 beging man feierlich 1.125 Jahre, bezugnehmend auf eine Urkunde von 874, derzufolge der Ort Friemmari dem Fuldaer Stift zehntpflichtig war. Das Christentum, das Bonifatius den Hiesigen gebracht hatte, war nicht umsonst. Aber vor der Urkunde gab es noch ein Güterverzeichnis. Nun gut, die paar Jahre. Spätestens wenn man sich auf die Bank am Schulplatz setzt, mit Blick auf das kleine Open-Air-Geologie-Museum, wird man sich bewusst, dass die Menschheitsgeschichte ein Wimpernschlag in der Erdgeschichte ist. Da sind Millionen Jahre alte Steine aufgereiht. Im nahe gelegenen Geopark Inselsberg kann man sich das größer ansehen, muss man aber nicht. Die 550 Millionen Jahre bis heute sind sowieso nur schwer zu begreifen. Vielleicht kann man sich merken, dass die Landschaft mit emporgehobenem Thüringer Wald und dem abgesenkten Thüringer Becken durch saxonische Bruchschollen-Tektonik entstand. Wie saxonisch?! Das klingt so, als wäre hier schon vor sehr langer Zeit Sachsen gewesen. Und die Thüringer lächelten finster …

Südlich von Friemar, am Girnbrunnen (Quellwasser, das aus einer Steinspalte zwischen dem unteren Keuper und dem oberen Muschelkalk rinnt), siedelten einst die Hermunduren, Vorfahren der Thüringer. Die Archäologen haben gern fleißig gebuddelt und gepinselt, weil vieles zutage kam: befestigte Wege, Feuerstätten, Gräber mit Beigaben, Schmuck, Waffen, Werkzeuge und vor allem Abfallgruben, die beliebten Wundertüten der Vorgeschichtler.

Ein für Friemar einst wichtiger Stein steht noch am Schulplatz: der Mahlstein einer Waidmühle. Den herzustellen, hat sicher sehr lange gedauert. Aber es war superkurz im Verhältnis zur Entstehungsgeschichte des Minerals. Auch die Versteinerung der Knochen, die Archäologen manchmal finden, hat nur ein paar tausend Jahre gedauert. Im Laufe eines Lebens kann man gerade mal verkalken.

Adresse Schulplatz, 99869 Friemar | **ÖPNV** Bus 891, Haltestelle Friemar, wenige Meter zum Schulplatz | **Anfahrt** A 4, Abfahrt Gotha, B 247 durch Gotha bis rechts Kindleber Straße, in Kindleben auf Gothaer Straße bis Friemar Schulplatz | **Tipp** Die Gaststätte am Stausee bietet Gastronomie mit beruhigendem Ausblick.

36 Das Fundament

Sozio- und Breitenkultur

Wer denkt sich diese Bezeichnungen aus? Soziokultur mag man ja noch verstehen, aber Breitenkultur? Gemeint ist Kunst, die von der breiten Masse der Bevölkerung ausgeübt werden kann. Aber wer darf heute noch von breiter Masse sprechen, ohne strafend angeguckt zu werden? Sei 's drum, das »Fundament«, die Bühne von »Art der Stadt e.V.«, ist ein Kreativplatz. Die Bühne im Kellergeschoss des Kulturhauses ist ein Ort der Öffentlichkeit. Hier wird präsentiert, was über viele Wochen in den Kursen geprobt wurde: vor allem Theater, aber auch Tanz, Musik, ab und an Bilder, die in den Malkursen entstanden. Der Kulturverein bietet zudem Töpferkurse an, betreibt eine Medienwerkstatt und lädt ein zur Wildnispädagogik. Eine breit gefächerte Palette, Chancen für jede und jeden, sich auszuprobieren. Manch Freizeitspaß entwickelte sich zu beruflichem Ernst, allerdings ist das nicht unbedingt Ziel und Zweck.

»Art der Stadt« ist Kunst für Gotha. Der Verein organisiert Konzerte, Lesungen und auch Gastspiele von Theatergruppen aus anderen Städten. Selbst sorgt er für fünf Theaterpremieren pro Jahr. Besonders gefragt sind die Weihnachtsaufführungen. Die Nachfrage ist so groß, dass man dann mit der »Schneekönigin« auf die große Bühne des Kulturhauses umzieht oder dort den »Geheimen Garten« aufbaut. Umziehen ist der Verein übrigens gewöhnt. Es hat viele Jahre gebraucht, viele Spielstätten (und Verwaltungsräume) wurden ausprobiert. Einmal hat man die Gothaer Bevölkerung aufgerufen, Pappkartons in die Innenstadt zu bringen, aus denen bei einer Performance ein Theaterhaus gebaut wurde, weil man noch keins hatte.

»Art der Stadt« ist ein Verein, und Vereine haben nicht unbedingt das ewige Leben. Aber, so die Projektleiterin, eins bleibt: die Spielstätte im Keller. Sie ist das Fundament, das auch andere Vereine nutzen könnten. Darum heißt das Theaterchen ja auch so: »Fundament«.

Adresse Fundament/Art der Stadt, Ekhofplatz 3, 99867 Gotha | ÖPNV Straßenbahn 1, 2, 4, Haltestelle Orangerie, auf Friedrichstraße bis Kulturhaus | Anfahrt A 4, Abfahrt Gotha, B 247 Ohrdrufer Straße, geradeaus Enckestraße, Steinmühlenallee, Justus-Perthes-Straße, rechts Friedrichstraße, Ekhofplatz | Öffnungszeiten zu den Aufführungen und Ausstellungen, https://artderstadt.de | Tipp Im Kulturhaus finden das ganze Jahr über Veranstaltungen statt, darunter viele Konzerte der Thüringen-Philharmonie Gotha-Eisenach; am Jahresende »Dinner for one« auf Gothsch.

37 Die Fürstendenkmäler

Gedenken und Bedenken

Er wurde 1904 eingeweiht, sie 2017. Beide Denkmäler sind bürgerschaftlichem Engagement zu verdanken, vor allem dem mit dem Portemonnaie. In beiden Fällen entstanden die Metallfiguren lange nach dem Tod der Dargestellten, zeigen also den zeitgenössischen Blick der Künstler auf die historischen Wesen, und sowohl bei ihm als auch bei ihr gab es heftige Diskussionen.

Ernst der Fromme (1601–1675), heute oft »Der Opa von Europa« genannt, war nicht nur fleißig im Kinderzeugen, sondern auch als Bauherr (Schloss Friedenstein), er führte 1642 die Schulpflicht für Jungen und (!) Mädchen ein, weil er bemerkt hatte, dass die Elitenförderung (1624 Gründung des Gothaer Gymnasiums) allein nicht ausreichen würde, seinem Herzogtum und dessen Bevölkerung etwas mehr Sitte, An- und Wohlstand zu bescheren. Er ließ Bibeln für die Inländer drucken und förderte die Theologie im Ausland, zum Beispiel in Äthiopien, was nebenbei zur Gründung der weltlichen Äthiopistik in Gotha führte. Er reformierte die Justiz, stärkte die Verwaltung und finanzierte Wissenschaft und Bildung, auch im Ausland, zum Beispiel in Russland. Eine sehr unvollständige Aufzählung.

Der Bildhauer musste über 50 Entwürfe anfertigen, sogar Kaiser Wilhelm II. mischte sich ein. Und als die Statue stand, sagten freche Bürger, der Bet-Ernst sähe aus, als würde er Zigarren aus der Kiste anbieten.

Von Ernsts Frau Sophia, die ihm 18 Kinder gebar, gibt es kein Denkmal. Aber eines von Luise Dorothea, die es immerhin auf die Hälfte brachte. Ein sehr heutiges, ein wenig übertrieben feministisches Denkmal. Wenn sie jemals in der Öffentlichkeit so viel Bein gezeigt hätte, wären rundherum alle in Ohnmacht gefallen oder hätten sich bekreuzigt. Auch obenrum war man nicht ganz so freizügig. Brieffreund Voltaire, der 1753 auf dem Schloss zu Gast war, meinte, sie sei die beste Fürstin der Erde. Immerhin.

Adresse Friedrich-Jacobs-Straße, 99867 Gotha | **Anfahrt** A 4, Abfahrt Gotha, B 247 Ohrdrufer Straße, geradeaus Enckestraße, Steinmühlenallee, Justus-Perthes-Straße, rechts Friedrichstraße, am Ekhofplatz links in Philosophenweg, Siebleber-Wall, Friedrich-Jacobs-Straße | **Tipp** Im Skulpturensaal des Herzoglichen Museums (unter anderem mit der weltweit größten Sammlung von Arbeiten des klassizistischen Bildhauers Jean-Antoine Houdon) ist auch Voltaire zu finden.

38 Der Gadolla-Gedenkstein

Der Retter der Stadt

Warum ging der 1897 in Graz geborene, katholische Christ Josef Ritter von Gadolla zum österreichischen Militär? Steirische Familientradition. Und den Segen der Kirche hatte er dazu. Die Adelssippe derer von Gadolla war eine Offiziersversammlung. Und so trat der traurige Automatismus ein: Josef ging in die Militärschule, dann in die Kadettenschule in Graz. Als 1919 die Republik gegründet wurde, trat er neu in die Armee ein. Er hatte ja nichts anderes gelernt. Gadolla stieg bis in den Rang eines Majors auf, dann wurde Österreich von Hitler »ins Reich geholt« und Gadolla ein hoher Büromitarbeiter bei der deutschen Luftwaffe. Im Rang eines Oberstleutnants kam er 1943 nach Gotha und diente sich zum Kommandeur des Wehrmeldeamtes hoch. Gadollas Schicksalstag war dann der 1. Februar 1945. Während andere Verantwortliche Fluchtpläne schmiedeten, wurde er zum Kampfkommandanten ernannt, verpflichtet, die Stadt bis zum Tode zu verteidigen. Das tat er, wenn auch nicht im Sinne der faschistischen Wehrmacht. Er sorgte dafür, dass Gotha an die anrückenden Amerikaner übergeben wurde, und verteidigte so den Bestand der Stadt, gab das Gemeinwesen und die darin lebenden Bürger nicht der Vernichtung preis.

Die örtlichen Nazifunktionäre hatten sich abgesetzt. Einer, der Landrat Dr. Ernst Guyet, ließ sich später das Bundesverdienstkreuz an die Brust heften, weil in dieser Brust ja ein Nazigegnerherz geschlagen hätte. Josef von Gadolla wurde in Boilstädt von Wehrmachtssoldaten gefangen, als er auf dem Weg zu den Amerikanern war, nach Weimar gebracht und dort standrechtlich erschossen. Seine letzten Worte sollen gewesen sein: »Damit Gotha leben kann, muss ich sterben!«

Das Schandurteil wurde von der Republik Österreich bereits im März 1948 aufgehoben und Josef Ritter von Gadolla rehabilitiert. In Deutschland dauerte das noch bis zum Dezember 1997. Fast ein halbes Jahrhundert.

Adresse Gothaer Straße, 99867 Gotha-Boilstädt | ÖPNV Stadtbus F, Haltestelle Boilstädt, auf Gothaer Straße bis Gaststätte | Anfahrt A 4, Abfahrt Gotha, B 247 bis links Dr.-Troch-Straße, in Boilstädt bis Gaststätte »Wiesengrund« | Tipp Seit 2009 steht am Gothaer Ekhofplatz noch ein Denkmal zu Ehren Gadollas, der 2018 außerdem postum zum Ehrenbürger ernannt wurde.

39 Gallettis Grabstein

Vielleicht genial zerstreut

Als 1750 der gothaisch-herzogliche Hof nach Altenburg reiste, war zwecks abendlicher Unterhaltung auch ein aus Italien stammender Opernsänger dabei. Und dessen hochschwangere Frau. Das Gerumpel und Gerüttel der Kutsche dürfte dazu beigetragen haben, dass der kleine Johann Georg August Galletti am 19. August in Ostthüringen zur Welt kam. Und blickt man auf sein ganzes Leben, beschleicht einen der Verdacht, dass das Rütteln und Schütteln seinen Geist ein wenig verrückt hat. Der hochintelligente und hochgebildete Herr Professor lief, zumindest im Alter, etwas neben der Schüssel.

Ehe er zum Vater der Kathederblüte wurde, studierte er Jura, Geschichte und Geografie in Göttingen. Seine erste Anstellung war die eines Hauslehrers, wo er genug Zeit hatte, um Lehrbücher zu Grammatik und Geometrie zu schreiben. Als er in Gotha zum Gymnasialprofessor aufgestiegen war, flutete er die Wissenschaftslandschaft mit Geschichtswerken, darunter knapp 30 Bände Weltgeschichte, sechs Bände Thüringer und fünf Bände Gothaer Geschichte. Galletti produzierte mit großem Fleiß, stieß jedoch nicht immer auf Anerkennung und Gegenliebe. Friedrich Schiller nannte ihn langweilig und geistlos, was jedoch ungerecht gewesen sein dürfte. Und sei es nur wegen ebenjener wunderlichen Beweise für professorale Zerstreutheit: »Nach der Schlacht von Leipzig sah man Pferde, denen drei, vier und noch mehr Beine abgeschossen waren, herrenlos herumlaufen.« So etwas schrieben seine Schüler auf. Schon nach zehn Jahren Schuldienst in Gotha erschien in einem Anekdotenbuch eine Galletti-Stilblüte.

1866 (Galletti war 1828 gestorben) gab der Berliner Buchhändler Gustav Parthey die erste »Gallettiana« heraus, ein Buch voller Pointen wie: »Ich bin so müde, daß ein Bein das andere nicht sieht.« Oder: »Auf schwarzen Bergen sind schwarze Tiere schwarz.« Wer will da widersprechen?

Adresse Kreuzgang des Augustinerklosters, Jüdenstraße 27, 99867 Gotha | **ÖPNV** Straßenbahn 1, 3, 4, Haltestelle Myconiusplatz, dann in Augustinerstraße oder Jüdenstraße | **Anfahrt** A 4, Abfahrt Gotha, B 247 bis große Kreuzung, dort links in Stielerstraße, weiter Bebelstraße, Parkstraße, rechts in die Lindenauallee, links Bergallee, rechts Bürgeraue, gleich rechts Augustinerstraße, links Klosterplatz | **Öffnungszeiten** offen, wenn am Eingang Augustinerstraße ein Schild steht, wochentags Eingang über Café in den Kreuzgang | **Tipp** Pause machen im Café Augustinerkloster, nur wochentags von 11 bis 17 Uhr, Kaffee und guter Thüringer Kuchen, Tisch auch direkt neben dem Galetti-Grabstein.

40 Die Gartenstadtsiedlung

Ein kollektives Glanzstück

Viele Köche verderben den Brei? Ausnahmen bestätigen die Regel. Das hier ist eine. Drei Architekten hatten Mitte der 1920er Jahre Vorschläge gemacht, wie es aussehen könne, wenn man für die Genossenschaft der Beamten und Arbeiter der Eisenbahnverwaltung eine größere Siedlung baut. Bruno Tamme, Richard Neuland und der Weimarer Regierungsbaumeister Pfitzmann (dessen Vorname nicht überliefert ist). Wie die drei Musketiere mussten sie auf kollegiale Zusammenarbeit schwören: Einer für alle, alle für einen. Die Vorstellungen der Einzelnen fanden Bündelung im Gesamtkonzept der Gartenstadtsiedlung. Manchmal heißt sie auch Hufeisensiedlung, aus der Vogelperspektive sieht man die Ähnlichkeit zum Pferdeschuh.

Die Wohnungsbaugenossenschaft gab es schon seit 1909. Tamme und Neuland hatten in deren Auftrag schon einiges gebaut: neue Häuser an neuen Straßen, die Namen von Eisenbahnförderern haben – Breitenbach, Maybach, Kindermann und Friedrich List. Und die Siedlung »Am schmalen Rain«, nicht nur ein bauliches Schmuckstück der Stadt, wie der damalige Oberbürgermeister sagte und der heutige sicher zu wiederholen nicht müde wird, sondern ein Bau, der genossenschaftliches Wirken und Eigenverantwortung verband. Und das auch noch in einem ästhetisch hochwertigen Umfeld. So praktisch und modern, wie hier gebaut wurde, so gemütlich ist es auch. Die Moderne lädt ein und schreckt nicht ab. Ohne staatliche Zuschüsse des Winternotstandsprogramms hätte die Genossenschaft das Gesamtprojekt nicht stemmen können. Und dann mussten alle Einwohner zusammenstehen, um Ende der 1920er Jahre den Ruin der Genossenschaft abzuwenden. Das gelang.

Mitte der 1990er Jahre wurde ein großes Denkmalschutzschild an die kleine Gartenstadt angeschraubt. Wieder half die öffentliche Hand, diesmal, um die Siedlung zu sanieren. Für das Ergebnis gab es 2001 den Thüringer Denkmalschutzpreis.

Adresse Am Schmalen Rain, 99867 Gotha | Anfahrt A 4, Abfahrt Gotha, B 247 Ohrdrufer Straße, links in Südstraße, Friedrich-Ebert-Straße, dann rechts Am Schmalen Rain | Öffnungszeiten Stadtbus B, Haltestelle Am Schmalen Rain | Tipp Als Kulturscheune wurde die ehemalige Bauhütte der Gartenstadtsiedlung ausgebaut, offen für Veranstaltungen und Vermietungen.

41 Der Gerichtshügel

Der Hammer ist gefallen

Man weiß nicht mehr genau, wann: Ein paar Jahre vor 1900 fiel die alte Gerichtslinde um. War es Altersschwäche, oder hatten Raubgräber den Baum entwurzelt? Denn unter der alten Linde soll ein Schatz vergraben gewesen sein, in Kriegszeiten eingebuddelt, aber in Vergessenheit geraten. Heutzutage glaubt niemand mehr, dass die Schatzsage irgendwie wahr sein könnte, keiner kommt her an die inzwischen weit über hundert Jahre alte neue Linde und ruft: Sesam, öffne dich! Oder Ähnliches.

Aber geheimnisvoll ist der Ort schon. Kindleben zählt dank einer urkundlichen Erwähnung 802 zu den ältesten Orten Thüringens. Kintileba, wie das Dorf damals genannt wurde, existierte allerdings nicht durchgehend. Ende des 16. Jahrhunderts verließen die letzten Bauern das zum Gothaer Hoheitsgebiet gehörende Dorf. Kindleben wurde zur Wüstung, auch die Kirche verfiel. Knapp 200 Jahre später lockte eine neu eröffnete Ausflugskneipe. Rundherum wuchs Kindleben aufs Neue.

Als die Stadt Gotha 1408 Kindleben für 600 goldene Rheinische Gulden kaufte, bekam sie »das Dorff und Gerichte zu Kindleben«. Das Dorf »bey den gericht« dürfte schon in der Frühbronzezeit besiedelt, der Hügel jedoch ein Grab gewesen sein. Zwischendurch diente das künstlich errichtete Plateau als Turmhügelburg, dann als Platz für juristische Auseinandersetzungen. 1361 soll der Thüringer Landgraf Friedrich III. die Gerichtsstätte bestätigt haben. Ein paar sandsteinere Treppenstufen sind erhalten. Es waren mal mehr, vielleicht hat sie ein verärgerter Bürger nach unnützer Buddelei als Schatzersatz mitgenommen. Bis 1825 wurden hier Verhandlungen abgehalten, bis 1860 stand noch der Stein mit dem Schwert als Zeichen der Gerichtsbarkeit.

Und noch eine Kindleber Tradition ist untergegangen: der alljährliche Heiratsmarkt – Partnersuche ausgerechnet am Himmelfahrtstag.

Adresse Kindleben, 99867 Gotha | **ÖPNV** Bus 810, 890, 891, 892, Haltestelle Kindleben | **Anfahrt** A 4, Abfahrt Gotha, B 247 durch Gotha durch bis rechts Kindleber Straße bis Kindleben | **Tipp** In Kindleben wohnt der Zeichner und Autor Kai von Kindleben alias Kunstkai, wer einen Auftrag für ihn hat, darf klingeln (bei Kretzschmar, Kindleben 3).

42 Grobes Garten

Eine mehrfache Verdrängung

Geehrt wird Joseph Meyer. Er war einer der bedeutendsten Verleger des 19. Jahrhunderts. Er schrieb das Wikipedia seiner Zeit: Meyers Konversations-Lexikon. Vergessen wird oft: Er hat auch »Brehms Tierleben«, Atlanten und Klassiker-Reihen herausgebracht und damit zu wirklich universeller Volksbildung beigetragen. Und verdrängt wird meistens, dass er ein rücksichts-, aber eben auch glückloser Spekulant war, der drei teure Pleiten hinlegte. Warum ist er trotzdem der berühmte Lexikologe und Verleger geworden? Weil er nicht der Eigentümer des Verlages war. Hatte er einen Geschäftspartner? Nein, eine Partnerin. Die Ehefrau. Das war im Jahr 1826 eine Sensation. Eine Frau?!

Hermine Friederike Henriette Meyer, geborene Grobe, ließ Anfang August 1826 eine Anzeige veröffentlichen: »Ich habe die Ehre, Ihnen anzuzeigen, daß ich, unter heutigem Tage, für meine alleinige Rechnung, und mit den nötigen Fonds ausgestattet, ein literarischen Zwecken gewidmetes Institut unter der Firma ›BIBLIOGRAPHISCHES INSTITUT‹ dahier errichtet habe. Die alleinige Geschäftsführung desselben ist Herrn JOSEPH MEYER, meinem Gatten, übertragen, dessen Unterschrift Sie sich bemerken und keiner anderen Glauben beimessen wollen.« Ohne Mann damals keine rechtliche Grundlage. Herr Meyer unterzeichnete als Disponent und setzte sich sofort wieder an die Arbeit. Oft schrieb er die Nächte durch am Lexikon. Hier, wo das Jahrhundertwerk geboren wurde, ist nur noch ein leeres Grundstück. Zeit und Wetter haben das kleine Meyer-Haus verdrängt. Wie auch die Erinnerung an Hermine. Warum eigentlich?

Dr. Armin Human, Hildburghäuser Superintendent, schrieb über sie: »… eine Dame voll Geist und Thatkraft, eine glücklich veranlagte Natur mit klugem Wort, immer thätig und energisch und mit hellem Auge aus den hohen, vornehmen Zimmern ihres Heims alles das verfolgend, was in Welt und Litteratur vorging …«

Adresse Friemarer Straße 17, 99867 Gotha | ÖPNV Stadtbus A, Haltestelle Friemarer Straße | Anfahrt A 4, Abfahrt Gotha, B 247 Ohrdrufer Straße, Enckestraße, Steinmühlenallee, Mühlgrabenweg, Mohrenstraße, am Kreisverkehr gleich rechts Nelkenberg, links Reuterstraße, rechts Oststraße, rechts Friemarer Straße | Tipp In der Querstraße 5 ist die Gedenktafel am Geburtshaus Joseph Meyers nicht zu übersehen.

43 Großvater Crestos Haus

Kabarett und Softpornos

Im November 1924 schlüpfte im Landeskrankenhaus Gotha Joachim Hackethal verfrüht auf die Welt. Geplant war als Geburtsort München. Das spillrige Siebenmonatskind wurde in einen Ersatzbrutkasten gelegt, einen Korb mit Wärmflaschen. Sein Großvater, der Gothaer Weinhändler Giuseppe Cresto (fast zwei Meter groß und zweieinhalb Zentner schwer), meinte, das Fleisch käme sicher noch an den Jungen dran. Das entwickelte sich auch, weil Klein-Joachim bei Gotha-Besuchen gern ins Orangerie-Café ging, wo er am liebsten das verspeiste, was man heute nicht mehr Mohrenköpfe nennt.

Der Junge hätte durchaus die adelige italienische Linie der Familie weiterleben oder geistig seinem Onkel Adolf Bartels nacheifern können, einem sehr bekannten antisemitischen und deutschnationalen Literaten, den Tucholsky einen »im Irrgarten der deutschen Literatur herumtaumelnden Pogromdepp« nannte. Mutter Hackethal sah ihren Joachim auf der Kanzel, der Vater gab Geld, damit der Junge studiere und ihm ins Versicherungswesen folge. Also belegte Joachim Wirtschaftswissenschaften an der Uni Jena, wo es auch eine Studiobühne gab. Dort spielte Hackethal im Curt-Goetz-Einakter »Hund im Hirn« und gestaltete mit vielen eigenen Texten bunte literarische Abende. 1947 ging der sozialdemokratische Student, der nicht in die SED eintreten wollte, zurück zu seinen Eltern nach Kiel. An der dortigen Uni gründete er das Kabarett »Die Amnestierten«, das (west-)deutschlandweit bekannt wurde. Dafür und für seine Arbeit bei der »Lach- und Schieß-Gesellschaft« und den »Machtwächtern« gab es später einen Stern auf dem »Walk of fame« des Kabaretts in Mainz. Hackethal spielte auch kleine Rollen in Nachkriegsfilmen, unter anderem in »Drei Männer im Schnee« und der »Blechtrommel«. Und in den pseudoaufklärerischen Softsexfilmchen »Schulmädchen-Report« und »Hausfrauen-Report« – natürlich nur des Geldes wegen, denn gesehen habe er da nichts.

Adresse Reinhardsbrunner Straße 33, 99867 Gotha | **ÖPNV** Bus 853, 854, Haltestelle Reinhardsbrunner Straße | **Anfahrt** A 4, Abfahrt Gotha, B 247 Ohrdrufer Straße bis große Kreuzung, links in Stielerstraße, rechts Mozartstraße, nächste große Kreuzung links in Parkallee, Schlossplatz, Puschkinallee, Reinhardsbrunner Straße | **Tipp** Sozusagen »untergegangen« ist in der Reinhardsbrunner Straße 61 das Paul-Sauerbrei-Bad, bis Anfang der 1960er Jahre betrieben vom Schwimmverein Gotha. Heute überbaut.

44 Die Gustav-Freytag-Gedenkstätte

Goethe, Freytag, Mann

Die Welt verändert sich – eine Binsenweisheit. 1851 hat der Schriftsteller Gustav Freytag dort, wo heute ununterbrochen Autos vorbeistinken und Feinstaub aufwirbeln, den Ort gefunden, an dem er sich in Ruhe der gesunden Landluft hingab. Nicht geändert hat sich, dass man in vielen Weltgegenden zu »gesiebter Luft« verurteilt werden kann, wenn man sich journalistisch betätigt. Über Freytags Haupt hing das Damoklesschwert eines preußischen Haftbefehls wegen »liberalgesinnter Zeitungsartikel«. Der Gothaer Herzog Ernst II. ernannte Freytag zum Hofvorleser und gab dem politisch Verfolgten Asyl.

Die Gedenkstätte befindet sich im gelben Gartenhaus. Gewohnt und gearbeitet hat Gustav Freytag allerdings da, wo auch Goethe einige Jahrzehnte vorher öfter zu Gast war – in dem größeren, hellen Haus zur Straße hin, aber mit Blick hintenraus ins Gartengrüne. Der Autor saß im Ohrensessel am übergroßen Schreibtisch, gegen Kälte und Luftzug gewappnet (dicker Hausmantel, Samtkappe und Handschuhe), tunkte die Feder in Tinte und schrieb mit seiner sauberen Schrift dicke, mehrbändige Bestseller. Das große private Glück stellte sich erst ein, als der mittlerweile 67-Jährige die 36 Jahre jüngere Anna Strakosch kennenlernte und sie sieben Jahre später heiratete. Ein Jungbrunnen für Freytag. Nur möglich, weil der politisch liberale Herzog auch ein liberales Scheidungsrecht eingeführt hatte. Davon profitierte schon der österreichische Walzerkönig Johann Strauß, der sich 1887 in Gotha einbürgern ließ, mal schnell vom Katholizismus zum Protestantismus wechselte und auf diese Weise nach der Scheidung auch wieder heiraten durfte.

Gustav Freytags Liebe zu Anna hat der Bildhauer Emil Fuchs in Marmor gemeißelt. Die Statue im Garten ist eine allen Wettern trotzende Kopie. Das Original steht im Foyer der Gustav-Freytag-Schule. Ach ja, und Thomas Mann war auch einmal hier …

Adresse Weimarer Straße 145, 99867 Gotha-Siebleben | **ÖPNV** Stadtbus A, Haltestelle Siebleben/Gustav-Freytag-Gedenkstätte | **Anfahrt** A 4, Abfahrt Gotha, B 247 Ohrdrufer Straße bis große Kreuzung, dort rechts in Stielerstraße, Fichtestraße, Salzgitterstraße, links in Mönchallee, rechts in Weimarer Straße | **Öffnungszeiten** Sa 13–17 Uhr oder über Verein Freunde der Heimatgeschichte e.V. (Tel. 03621/2278222 und 0171/4983004) | **Tipp** Vor dem Gartentor ist ein Stolperstein eingelassen für Freytags Stieftochter Mika-Maria, die das KZ Theresienstadt überlebte.

45 Das Gut Münchshof

Im Einklang mit der Natur

Die Straßenbahn, die in den Wald fährt, führt hier vorbei. Die Pferde sind es gewöhnt und scheuen nicht jedes Mal, wenn so ein gelbblaues Eisenungeheuer vorbeigleitet (nur nebenbei: der Volksmund sollte sich statt »Urwaldrumpel« mal einen neuen kombinierten Spott-und-Kose-Namen ausdenken). Was haben die Straßenbahn und das Gut Münchshof im Ortsteil Sundhausen gemeinsam? Man denkt in Kreisläufen.

Grundlage für das Funktionieren des Gutes im Sinne seiner Bewirtschafter sind rund 600 ha Acker- und Grünland. Schluffiger Lehmboden, nicht leicht zu bearbeiten, ungeeignet für Kartoffeln und Rüben, aber ein guter Boden für Qualitätsweizen, für Raps und Wintergerste. Man denkt modern und traditionell. Das ist kein Widerspruch, wenn man nicht gierig auf den höchsten Ertrag auf dem Konto schielt, sondern sich immer bewusst ist, dass man Teil der Natur und nicht ihr Ausbeuter ist. Biogasanlage und Sonnenkollektoren machen das Gut energetisch unabhängig, die Gärreste aus der Biogasanlage werden als organischer Dünger auf den Feldern ausgebracht. Der Kreis schließt sich.

Wenn man mit einer Kamera über die Felder fliegen würde, fielen rechteckige, augenscheinlich künstlich freigelassene Stellen auf, die sogenannten Lerchenfenster: geschützte Landebahnen für Feldlerchen und Kiebitze. Man spart Schädlingsbekämpfungschemie, denn die gefiederten Kampftruppen sind ja anwesend. Blühstreifen blühen, Vögeln und Niederwild hat man Rückzugsräume gelassen. Umweltschützer sind des Lobes voll. Auch die Pferdezucht (unter anderem die bedrohte Nutztierrasse der Deutsch-Rheinischen Kaltblüter) findet viel Beifall. Noch ein kurzer Ausritt in die Historie: Im Mittelalter waren zeitweilig Herren von Sunthusen Pächter des Münchshofes. Anscheinend waren sie nicht so erfolgreiche Landwirte, denn sie besserten ihre Einnahmen mittels Raubritterei auf. Der Papst strafte sie mit einem Kirchenbann. Der gilt noch heute.

Adresse Inselsbergstraße 61, 99867 Gotha-Sundhausen | **Anfahrt** A 4, Abfahrt Gotha-Boxberg, L 1026, L 1027, Inselsbergstraße | **Öffnungszeiten** bei Interesse an den Pferden über https://muenchshof-gotha.de/kontakt oder Tel. (03621/707486) anmelden | **Tipp** Wenn man Glück hat, steht das Tor in der Querstraße 24 offen, dann kann man einen Kutschenausstieg sehen – sozusagen eine erhöhte Bahnsteigkante des Pferdezeitalters.

46 Hannah Höchs Herkunft

Aus Gotha in die große Kunstwelt

Die Buchhandlung am Markt trägt ihren Namen. Am Geburtshaus und am Wohnhaus versuchen Schilder, darüber aufzuklären, wer Hannah Höch war und warum man sich an sie erinnern sollte. Auch in Berlin gibt es Gedenktafeln an zwei Häusern und das Ehrengrab in Heiligensee. Zu Ehren ihres 100. Geburtstages wurde im Wendejahr 1989 am Ufer des Tegeler Sees eine große Bronzestatue enthüllt, der »Archaische Erzengel«. Graffitisprayer fühlen sich immer wieder berechtigt, das Denkmal zu beschmieren. Es fehlt etwas. Es muss ja nicht Ehrerbietung und demütiger Kniefall vor der Statue sein, aber Nichtwissen lässt die Spraydose locker sitzen. Warum ist das so?

Hannah Höch (eigentlich Anna Therese Johanne Höch) wurde in Gotha geboren. Schon als Kind wollte sie Malerin werden. Ihr Vater, ein Versicherungsgeneralagent, sträubte sich, diesem Wunsch zu entsprechen. Er zwang die 15-Jährige zum Schulabbruch, damit sie sich um ihre jüngeren Geschwister kümmere. Das sollte sechs Jahre anhalten. Dann floh Hannah zum Studium nach Berlin. Das weitere Leben war geprägt von privaten und gesellschaftlichen Brüchen, aber auch von Phasen großer Kreativität, voller Glück, Zweisamkeit.

Hannah Höch war einige Jahre Lebens- und Kunstpartnerin des Dadaisten Raoul Hausmann. Die dadaistische Fotomontage ist ihr gemeinsames Kind. Nach der Trennung verliebte sich Hannah in die niederländische Schriftstellerin Til Brugmann. Den Nazis waren ihre Bilder suspekt. Mit einem viel jüngeren Mann – sie waren oft monatelang mit Auto und Wohnwagen unterwegs – rettete sie sich durch die Zeit von Faschismus und Krieg. In den Jahren nach dem Krieg bis zu ihrem Tod 1978 bekämpfte sie ihre Einsamkeit mit Kunst. Sie starb in Westberlin. Und beinahe wäre die Erinnerung an eine Pionierin der Kunstmoderne im Krieg der Systeme zerrieben worden. Gotha bekämpft den Erinnerungsschwund auch mit silbernen Löffeln.

Adresse Dorotheenstraße 17 (Geburtshaus) und 18.-März-Straße 28 (Wohnhaus), 99867 Gotha | **ÖPNV** Straßenbahn 1, 3, 4, Haltestelle 18.-März-Straße, dann Waltershäuser Straße, Dorotheenstraße | **Anfahrt** A 4, Abfahrt Gotha, B 247 bis große Kreuzung, dort links in Stielerstraße, weiter Bebelstraße, Parkstraße, rechts Uelleber Straße, Cosmarstraße, links Waltershäuser Straße, rechts Dorotheenstraße | **Tipp** Im KunstForum Querstraße kann man im 3. Stock eine Hannah-Höch-Ausstellung ansehen.

47 Der Hansa-Dreimaster

Nicht nur Fisch frisch auf den Tisch

Wer nicht nur mit Pfennigsuchblick durch die Marktstraße geht, hat es bestimmt schon einmal gesehen: das Steinrelief eines Schiffs über der Eingangsfront des großen Buchladens. »Hansa« steht am Bug. Die übermannsgroße Galionsfigur, ein gekrönter Vogelkopf, und der große Anker sehen sehr maritim aus, hätten das Schiff allerdings in Wirklichkeit wohl kopfüber in die Tiefe gezogen. Künstlerische Freiheit. Mit windgeblähten Segeln fliegt das Schiff fast über die Wellen. Ein Bild der Zuversicht.

Das Schiff ist das Wahrzeichen der Kaufmannsfamilie Böhm und von einer prophetischen Symbolik. Otto Böhm (1870–1928) kaufte voller Optimismus 1906 das Grundstück in der Marktstraße. Ein Glücksgriff. Dort entstand in einjähriger Bauzeit das große Geschäfts- und Wohnhaus. Die Weltuntergang-Rufer der Jahrtausendwende waren längst verstummt. Der deutsche Wirtschaftsmotor der Gründerzeit brummte. Zwischen 1900 und 1913 stieg die reale Wirtschaftsleistung in Deutschland um fast 44 Prozent. Alles war im Aufwind. Die deutschen Importe kamen zur Hälfte aus Übersee, vor allem Rohstoffe und Nahrungsmittel. Böhms Auslagen boten eine überbordende Warenfülle. Sein wirksamstes Aushängeschild – man konnte es groß auf einem Werbeschriftzug lesen – war frischer Seefisch. Das Lager im ehemaligen Waidhaus hinterm Laden war immer voll, wurde geleert und wieder gefüllt: Fässer, Flaschen, Kolonialwaren.

Als Mitte der 1920er Jahre die Inflation auch die Gothaer Portemonnaies fest im Griff hatte, wäre die große Kaufhandlung fast untergegangen. Otto ging in den Ruhestand, seine Söhne übernahmen. Sie retteten das Unternehmen auch über den zweiten großen Krieg, bis zu DDR-Zeiten der »Konsum« einzog.

Als die großen Discounter nach der Wende öffneten, fuhren die Kunden ihre Autos dorthin. Die Zeit des parkplatzlosen großen Lebensmittel-Kaufladens in der Innenstadt war vorbei.

Adresse Marktstraße 11, 99867 Gotha | Anfahrt A 4, Abfahrt Gotha, B 247 Ohrdrufer Straße, geradeaus Enckestraße, Mühlgrabenweg, links Gartenstraße, Parkplatz suchen, zu Fuß Lutherstraße, dann rechts Marktstraße | Tipp Das Familiengrab der Böhms auf dem Hauptfriedhof ist gut zu erkennen: auch mit »Hansa-Kogge«.

48 Das Hasenportal

Doppeltes Fruchtbarkeitssymbol

Moderne Kunst in einer geschichtsträchtigen Stadt – geht das? Man kennt ja den ironischen Spruch: »Ist das Kunst oder kann das weg?« Reibereien zwischen Vertretern der Moderne und der »gewohnten« Kunst gab es immer. Und dann kam dieses Projekt, man könnte auch sagen: diese Großoffensive. Aber das klingt so kriegerisch. Das Skulpturenprojekt war eine durch und durch spielerische Aktion. Über mehrere Jahre konnten Künstler ausloten, was die Gothaer zu akzeptieren bereit sind. Niemand wurde aus der Stadt vertrieben, wie es den Bauhäuslern in Weimar passierte. Kinder näherten sich unvoreingenommen und neugierig den dreidimensionalen Neuheiten an verschiedenen Stellen in der Stadt. Erwachsene freuten sich oder rümpften die Nase oder merkten schlichtweg gar nicht, dass die Stadt sich punktuell veränderte.

Das Hasenportal stand während einer Personalausstellung des künstlerischen Hasenvaters im Hof des Friedensteinschlosses. Man kann sagen: Das knallte! Da war Spannung zwischen Barock und Moderne. Dagegen fügen sich die Hasen am jetzigen Standort fast artig ins moderne Bauumfeld. Hasen gehören zu Gotha wie Elefanten (siehe Ort 24). Es gibt sie als Dauerbestsellerbuch »Die Häschenschule« von Fritz Koch-Gotha, in Gold als Pokal in den Kunstsammlungen und als Doppelskulptur in der Blumenbachstraße. Und wenn die Bemerkung erlaubt ist: Als Fruchtbarkeitssymbol passen sie viel besser zu den Gothaer Herzögen als jedes andere Tier.

Einige Kunstobjekte sind von dem großen Projekt geblieben: unter anderem der archaische Eisenbogen am Brühl, der Pferdekopf in der Schlossgasse, an dem so manches Kind, dem Märchen vorgelesen wurden oder das den anrührenden Film gesehen hat, wartet, ob der Pferdekopf spricht und etwas über die Prinzessin und Gänsemagd sagt. Aber Falada schweigt. Zum Klingen bringen kann man die Skulptur vor dem Museum in Wechmar: B-A-C-H.

Adresse Blumenbachstraße (Innenhof), 99867 Gotha | **ÖPNV** Straßenbahn 1, 3, 4, Haltestelle Bertha-von-Suttner-Platz, über Brühl, Fritzelsgasse in die Blumenbachstraße | **Anfahrt** A 4, Abfahrt Gotha, B 247 Ohrdrufer Straße, geradeaus Enckestraße, Mühlgrabenweg, links Gartenstraße, Parkplatz suchen; zu Fuß Lutherstraße, dann rechts Marktstraße, vorbei an Tourist-Info, Fritzelsgasse, rechts Blumenbachstraße | **Tipp** Das Denkmal für den Anthropologen und Begründer des wissenschaftlichen Antirassismus Johann Friedrich Blumenbach steht im Schlosspark.

49 Das Hofjägerhaus

Villa mit Hundeschmuck

Dieses Haus könnte auch Gastwirtshaus oder Rentiervilla heißen, vielleicht Gäblergebäude, denn es gehörte nach dem Umbau 1849 Johann Wilhelm Gäbler. Der hatte seinen Besitz an den Forstrechnungsrat und herzoglichen Rentcommissär Eduard Glenck verpachtet. Glenck war zum Glück auch noch Hofjäger, sonst hieße die Villa Forstrechnungsratshaus. Hofjägerhaus klingt viel romantischer. Der Jäger Glenck liebte gute Jagdhunde. Zwei Exemplare sieht man rosettenumkränzt an den Eckpfeilern zur Straße hin.

Dass die Villa mit ihren Zinnen ein bisschen an mittelalterliche Burgen erinnert, liegt an den Vorlieben des Hofbaumeisters Gustav Eberhard, der die Pläne für den Umbau zeichnete. Eberhard hat auch Schloss Reinhardsbrunn entworfen – noch mehr Zinnen. 1860 kaufte Glenck das Haus, um es schon vier Jahre später wieder zu veräußern. Ein Biedermann mit acht Kindern zog ein: Wilhelm Biedermann. Der Kaufmann hatte mit Geschäften in den USA und Mexiko sein Bankkonto gut gefüllt und zehrte bis zu seinem Tod 1908 vom Angehäuften. Wieder wurde das Haus verkauft, an die Gothaer Lebensversicherung. Generaldirektor Karl August Samwer zog ein, wohnte dort bis 1946. Samwer hat in seinen Gothaer Jahren einiges Gutes getan: die Firma gerettet, war Mitglied der Armenkommission und Armenpfleger der Stadt, kümmerte sich auch um die Volksschulen. Darum wurde er zum Ehrenbürger ernannt. Heute weit weg im Westen Deutschlands lebende Samwer-Nachfahren sind da nicht so zimperlich und darum Mehrfachmillionäre. Aber sie werden nie Ehrenbürger, von Gotha schon gar nicht.

Nach dem Zweiten Weltkrieg wurde die Villa in drei Wohnungen aufgeteilt, in einer wohnte der letzte Thüringer Staatsminister von Bassewitz (der ja schon 1919 zurückgetreten war). Dann war die Villa Kinderheim und Kindergarten, der Theaterverein »Art der Stadt« residierte hier. Aber nun ist sie ein Steuerbüro.

Adresse Mozartstraße 5, 99867 Gotha | ÖPNV Stadtbus B, E, Haltestelle Mozartstraße | Anfahrt A 4, Abfahrt Gotha, B 247 Ohrdrufer Straße bis große Kreuzung, links Stielerstraße, rechts Mozartstraße | Tipp Schloss Reinhardsbrunn ist einen Ausflug wert. Es wird wieder schön. Erst mal wandern und die Schäden begucken.

50 Das Humboldt-Bild

Ein irritierendes Doppelbildnis

Imposant ist der Eindruck, wenn man auf das Bild zuläuft oder zufährt. Aber wer sind die beiden Herren? Und wieso prangen sie an einer Gothaer Plattenbauwand? Urheber des Wandbildes ist der in Gotha geborene Kevin Kandetzki. Unter dem Namen kennt man den Graffiti-Künstler aber nicht, schon eher unter seinem Pseudonym Sokar Uno. Sokar ist ein ägyptischer Totengott, und ob Uno der Erste bedeuten soll oder für die Weltorganisation steht – man muss den Künstler fragen. Der Mann ist umtriebig, weltweit unterwegs. Er malt auch auf kleinere Leinwände, aber zumeist muss es eine große Wand sein. Er sprayte mehrfach in Gotha, aber auch in New York und Kapstadt, sehr oft in Görlitz, das mittlerweile fast eine Sokar-Uno-Open-Air-Galerie ist.

Da sich das Gothaer Bild in der Humboldt-Straße befindet, liegt der Gedanke nahe, dass es sich um die Brüder Alexander und Wilhelm von Humboldt handelt, wenn auch die Ähnlichkeit der Porträts eher eine entfernte ist. Die Brüder besuchten im Dezember 1789 ihren ehemaligen Frankfurter Lehrer Josias Friedrich Christian Löffler, nunmehr Generalsuperintendent in Gotha. Zwei Tage später war Alexander Zeuge der heimlichen Verlobung seines Bruders mit der hinreißenden Caroline von Dacheröden in Erfurt. Alexander kannte die Thüringer Wege, denn er war schon ein Jahr zuvor hier und wurde am Gothaer Hof empfangen. Zwei superkluge Wissenschaftler am Ende des 18. Jahrhunderts, neugierig hoch drei, weit vorn bei allen Fortschritten, die die Wissenschaft um diese Zeit machte. Was aber hat den Graffiti-Sprayer dann bewogen, sie vor das mittelalterliche Weltbild zu setzen beziehungsweise zu stellen? Für die Humboldtbrüder war die Erde nie eine Scheibe und das Himmelszelt nicht an die Außenkante der Scheibe angenäht. Lutherstuhl und Mittelalter-Globus sowie Schnürschuhe und Rollkragen vergrößern die Irritation noch. Alles Provokationen und Denkanstöße?

Adresse Giebelwand der Häuser Humboldtstraße 57–67, 99867 Gotha | ÖPNV Stadtbus A, C, Haltestelle Coburger Platz, dann zur Humboldtstraße | Anfahrt A 4, Abfahrt Gotha, B 247 Ohrdrufer Straße, geradeaus Enckestraße, Mühlgrabenweg, links Gartenstraße, links Bürgeraue, rechts Humboldtstraße, Bild rechts bergauf | Tipp Die Sokar-Uno-Bilder am Trafohäuschen Berggartenweg lassen den Betrachtern ein Licht aufgehen.

51 Das Illuminatenasyl

Weltverbesserer mit Illusionen

Illuminaten waren und sind keine Verschwörer gegen Kirche und Staat. Es sei denn, man meint, dass die Idee, gesellschaftliche Verhältnisse zu verbessern, Verschwörung zum Staatsstreich wäre. Kein Illuminat hat je zu einer Revolution aufgerufen. Illuminaten hatten Illusionen. Revolutionär war höchstens der Gedanke, dass »die da oben«, also die Machthaber, die Einfluss- und die Geldreichen, mit verbesserter Moral und durch tugendhafteres Verhalten selber die Verhältnisse für alle verbessern könnten. Aber man weiß ja, dass es völlig utopisch ist, dass die Machthabenden freiwillig Gleiche unter Gleichen werden. Lieber verunglimpfte man solche Gedanken als Landesverrat.

So geschah es in Ingolstadt, wo 1748 Adam Weishaupt geboren wurde und 20 Jahre später an der Universität promovierte. 1773 zum ordentlichen Professor ernannt, 1785 suspendiert. Er floh zunächst in die damals protestantische Freie Reichsstadt Regensburg, Stadt der Wissenschaft und Glaubensfreiheit (Katholiken hatten kein Bürgerrecht), dann nach Wien. Gerettet wurde Weishaupt auf diplomatischem Wege. Der Gothaer Herzog Ernst II., ein begeisterter Naturwissenschaftler und widerwilliger Thronsitzer, verschaffte ihm Immunität, indem er ihn zum Mitglied der herzoglichen Familie ernannte. Rundherum in ganz Europa tobten und geiferten die, die den widerborstigen Weishaupt gern hinter Gittern gesehen hätte.

So kam er nach Gotha, wo er vom Herzog geschützt mehrere Bücher über die Illuminaten, ihre Beweggründe und Ziele schrieb. Die Bayerische Akademie der Wissenschaften nahm ihn 1808 als Mitglied auf. Es gibt Fotos von Weishaupts Grabstein, der 1969 bei der Räumung des Friedhofs II verschwand. Da ist in großen lateinischen Lettern zu lesen: »Hier ruht Weishaupt, ein Mann hervorragend an Geist, Mut und Gelehrtheit, glühender Vorkämpfer der bürgerlichen Freiheit. Er starb im Exil als Achtzigjähriger.«

Adresse Parkallee 13, 99867 Gotha (Weishaupt wohnte auch in der Siebleber Straße 8) | Anfahrt A 4, Abfahrt Gotha, B 247 Ohrdrufer Straße bis große Kreuzung, links in Stielerstraße, rechts Mozartstraße, nächste große Kreuzung links in Parkallee | Tipp Im Schlosspark steht der Merkurtempel, sozusagen der hochoffizielle Geheimort der Illuminaten. Der Gothaer Landtagsabgeordnete Matthias Hey macht erhellende Führungen durch den teils dunklen Schlosspark.

52 Der Kettensägen-kunstverein

Säge mir ein liebes Wort

Jagdgöttin Diana grüßt am Eingang. In der rechten Hand hält sie eine Lanze, was hält sie in der linken? Einen Pfeil. Nicht ungewöhnlich, denkt man, bis man erfährt, dass der Pfeil mit der Motorsäge aus einem längeren Holzscheit gefräst wurde. Der Boden rundherum ist voller Holzspäne. Reste vieler künstlerischer Kettensägen-Massaker. Der Künstler und seine sägenden Gäste sind solche Aussagen gewöhnt und quittieren sie mit lautem Lachen oder schiefem Grinsen. Hier wurde aus Stücken toter Bäume lebendige Kunst geschnitzt. Wobei man bei »geschnitzt« eben nicht an kleine, scharfe Messer denken sollte, sondern an Kettensägen. Mit Spezialsägen in unterschiedlicher Größe – Beherrschung der Maschine und des Materials vorausgesetzt – kann man sehr Unterschiedliches aus einem Holzklotz herausholen: menschliche Figuren, manch Märchenhaftes, viele Tiere und ein paar kleine Sensationen, wie Dianas Pfeil.

»Europa schnitzt in Gotha« wäre ein guter Slogan für die alljährlich seit 2007 (mit Unterbrechung durch die C-Pandemie) in Gotha stattfindenden Europäischen Chainsaw-Carving-Meisterschaften. Immer am Muttertagswochenende kommen sie angereist und sind fröhlich mit der Kettensäge zugange. Wenn die in Hamburg einfach Weltmeisterschaften ansetzen, dachten die Gothaer, dann richten wir hier eben einen europäischen Meisterschaftskampf aus. Obwohl: So richtig gekämpft wird nicht, es gibt auch keine Medaillen, denn die Gruppenschnitzerei ähnelt eher einem Familientreffen mit Erfahrungsaustausch und viel Spaß als einem Wettkampf. Die fertigen Figuren werden versteigert. Die Hälfte des Erlöses behält der jeweilige Künstler, die andere Hälfte wird gespendet. Angefangen hat übrigens die hiesige Sägemania in einem Kindergarten, wo eine Pappel gefällt werden musste. Daraus entstand eine Eisenbahn. Seitdem kreischt die Säge.

Adresse Kettensägenkunst Gotha e.V., Gleichenstraße 18, 99867 Gotha-Siebleben | **Anfahrt** A 4, Abfahrt Gotha, B 247 Ohrdrufer Straße bis große Kreuzung, dort rechts in Stielerstraße, Fichtestraße, Salzgitterstraße, links in Gleichenstraße | **Öffnungszeiten** am 2. Maiwochenende, sonst nach Vereinbarung (Tel. 0171/8359626) | **Tipp** Der Schnitzplatz ist Teil der Baumpflegefirma Noldin. Im Lehrkabinett können Gruppen und Schulklassen einiges rund um Wald und Bäume erfahren.

53 Die Klassikerstraße

Auf den Spuren von Genies

Das Bundesland, das sich Freistaat Thüringen nennt, war noch nicht sehr alt, als diese Straße erfunden wurde. Ein Wirtschaftsminister wollte nach der Wende nicht die ganze Wirtschaft im »Grünen Herzen Deutschlands« den Bach runtergehen lassen und erinnerte sich, dass Tourismus ein Wirtschaftszweig und in Thüringen vielleicht ganz erfolgversprechend zu vermarkten sei. 40 Jahre lang war nichts vermarket worden. Mangel brauchte kein Marketing. Aber nach dem Fall der Mauer und aller Grenzanlagen war die Welt offen und Thailand oder Türkei plötzlich einfach und preiswert zu erreichen. Also ab in den Urlaub, weit in die Ferne schweifen, auch wenn das Gute so nahe lag.

Also sprach der Minister: Thüringen ist schön, es weiß nur keiner, vor allem keiner im Westen Deutschlands und Europas. Und weil die Ministerialbeamten im Wirtschaftsministerium überwiegend ehemals deutschsprachige Ausländer waren, wollte man den ehemaligen Hiesigen zeigen, wie die Marktwirtschaft funktioniert. Die Nachfrage musste angekurbelt, das Image des Bundeslandes poliert und die altbundesdeutsche Bevölkerung nach Thüringen gelockt werden. Und da fiel einem, der das bürgerliche Bildungsideal hochhielt, auf, dass sich in Thüringen außer Goethe und Schiller und Bach eine Vielzahl deutscher Klassiker und weiterer Genies aufgehalten hatte. So erfand sich die Ferienstraße namens Klassikerstraße fast von allein. Diese Straße verbindet nun Gotha mit Eisenach, Erfurt, Weimar, Jena, Rudolstadt, Ilmenau, Arnstadt und Meiningen. Wer die abfährt, hat schon recht viel von Thüringen gesehen.

Vom großen Werbebudget bekam eine kleine Thüringer Agentur etwas ab und machte daraus große, volksfestartige Veranstaltungen, unter anderem in der Klosterruine Paulinzella und auf dem Kickelhahn. Und so führte die Klassikerstraße auch ein bisschen in die Herzen der Einheimischen.

Adresse Klassikerstraße-Hinweisschild kurz vor Siebleben | Anfahrt A 71, Abfahrt Erfurt-Bindersleben, B 7 Richtung Gotha, kurz vor Siebleben | Tipp Auf der Klassikerstraße am weitesten weg von Gotha liegt Meiningen. Eine Fahrt dorthin immer mit Theaterbesuch verbinden!

54 Der Klaus-Törpe-Sportpark

Tod eines Jahrhunderttalents

Große Stadien heißen heutzutage »Signal Iduna Park« oder »Veltins Arena«. Es geht immer um viel Werbegeld, und man setzt sich auch meist über den Duden hinweg, indem die eigentlich nötigen Bindestriche einfach weggelassen werden. Die gibt es wenigstens bei der »Mercedes-Benz-Arena«. Und ohne Werbung, dafür mit vielen Erinnerungen behaftet, auch beim Fritz-Walter- und beim Nürnberger Max-Morlock-Stadion. Warum Letzteres so heißt? Weil es nach einem clubtreuen Fußballer benannt ist, einem unermüdlichen Rackerer, Toreschießer und Motivator, über den ein Mitspieler sagte: »In Max Morlock hatten wir einen Kapitän, vor dem du am liebsten sogar während des Spiels den Hut gezogen hättest.« Sollte Wacker 03 Gotha jemals in der Bundesliga spielen, heißt das Volksparkstadion dann Stadtwerkestadion?

Und Klaus Törpe, nach dem der kleine Sportpark in Gotha benannt ist, wer war das? Auf dem Hauptfriedhof findet man sein Grab. Auf dem Grabstein ein Gedicht. In diesem Fall mögen der Korrektor für Orthografie, Grammatik und Ausdruck sowie der Lyrik-Literatur-Kritiker schweigen: »Die Brust von der Hoffnung der Jugend geschwellt, / Von unseren Wünschen getragen, / So zog er mutig hinaus in die Welt, / Den Kampf auf der Rennbahn zu wagen. / Was wir von dem strebsamen Fahrer erhofft, / Ist in Erfüllung gegangen. / Wir haben dem jungen Sieger so oft / Den Kranz um die Schulter gehangen. / Er sah in die Zukunft mit leuchtendem Blick. / Die Welt stand dem Jüngling ja offen. / Da packt ihm mit rauher Hand das Geschick. / Vernichtet war all unser Hoffen.«

Der am 6. Juni 1935 in Gotha geborene Radrennfahrer hat in seiner kurzen Karriere eigentlich jedes Rennen gewonnen. Er war bereits Mitglied der Jugendnationalmannschaft. 1950 verunglückte er tödlich.

Adresse Leinefelder Straße, 99867 Gotha | **ÖPNV** Straßenbahn 2, 3, Haltestelle Ostbahnhof; der Sportpark liegt gegenüber | **Anfahrt** A 4, Abfahrt Gotha, auf B 247 durch Gotha, rechts in Kindleber Straße, links Leinefelder Straße | **Tipp** An der Unfallstelle (B 92 bei Cossengrün, Landkreis Greiz) hat der Landessportausschuss Thüringen dem Gothaer Radrennfahrer einen Gedenkstein setzen lassen, der immer noch gepflegt wird.

55 Eine Kneipp-Schule

Lernen unter großen Namen

Wie war das mit dem gesunden Körper und dem gesunden Geist? Hier verbinden sich zwei alte Geister zum Wohle der schulpflichtigen Kinder. Der eine ist der Kaltwasser-Pfarrer Kneipp. Der andere, Andreas Reyher, nach dem die Schule heißt, hat es als Erster geschafft, die allgemeine Schulpflicht in einem ganzen Staat durchzusetzen und für Einheitlichkeit im Bildungssystem zu sorgen. Wie stolz ein kluger Mann, dessen Klugheit anerkannt wird, sein kann, zeigt sich auf dem Familienbild der Reyhers, das der Maler August Erich gefertigt hat: inmitten der kinderreichen Familie ein großes Buch, in dem der Familienvater blättert. Unwillkürlich wandern die Augen bei der Bildbetrachtung genau da hin, zum Bildungsgut.

Reyher war praktizierender Pädagoge und Theoretiker zugleich. Vor allem war er ein guter Methodiker, der erkannt hatte, dass viele der kleinen Schülerhirne durch des Lehrers Stimme allein, durch öden Vortrag, nicht erreicht werden. Ein guter Lehrer nutzt alle Wege und Mittel, um Kindern etwas beizubringen. Das schrieb er in seinem »Realienbuch«, das er in seiner eigenen Druckerei vervielfältigte, so wie auch mehrere Lehrbücher für Mathe, Deutsch und Sprachen. Er ist der Vorreiter des naturwissenschaftlichen Unterrichts und brachte – wenn man einschlägigen Nachschlagewerken glauben kann – Staatsbürgerkunde auf den Lehrplan. Damals hieß es, die Bauern des Gothaer Herzogs seien gebildeter als die Edelleute in anderen deutschen Staaten. Liegt die Messlatte heute noch so hoch?

Das imposante Schulgebäude in der Mozartstraße öffnete 1900 seine Pforten. Die Ostpforte nur für Mädchen, die Westpforte ausschließlich für Knaben. Selbst die Lehrerzimmer im Haus waren geschlechtlich rein. Jeweils 60 bis 70 Kinder sollen damals pro Klassenraum auf eine pädagogische Fachkraft gestoßen sein. Wie haben die Fachkräfte es geschafft, diese große Zahl kleiner Bestien zu bändigen?

Adresse Staatliche Regelschule »Andreas Reyher«, Mozartstraße 17, 99867 Gotha | Anfahrt A 4, Abfahrt Gotha, B 247 Ohrdrufer Straße, große Kreuzung links Stielerstraße, dann rechts Mozartstraße | Tipp Wer sein Kind in Gotha in eine Kneipp-Schule schicken will, hat noch mehrere andere Möglichkeiten.

56 Koch-Gothas Grab

Fritz ist nicht da

Zu viele namens Koch verderben die Unterscheidbarkeit. Also sagte sich Friedrich Robert William Koch: Häng die Stadt an deinen Namen, an der du so hängst, weil du dort eine behütete Kindheit und Jugendzeit verbracht hast. Fortan also Koch-Gotha. Vorname Fritz, so riefen ihn alle.

Der Sohn des Gutsinspektors William Koch und dessen Frau Emma (immerhin eine geborene Arnoldi) hörte nach einer Turnübung, die mit einem schweren Sturz endete, nicht mehr gut, was ihm die von Vater Koch zugedachte Militärlaufbahn verwehrte. Glück im Unglück, denn nun konnte Fritz erst in Leipzig, dann in Karlsruhe »auf Kunst« studieren und der beliebteste Illustrator und Karikaturist Deutschlands vor dem Ersten Weltkrieg werden. Wenn man sich ein Bild machen will, wie die Leute in wilhelminisch-kaiserlichen Zeiten aussahen und wie sie sich aufführten, dann blättere man im 1914 veröffentlichten »Koch-Gotha-Album«.

Als 1944 Reichspropagandaminister Goebbels die Gottbegnadeten-Liste der besonders zu schützenden Künstler veröffentlichte, stand da auch Koch-Gotha, obwohl er 1933 seine Pressearbeit beendet und sich den Faschisten entzogen hatte und zwar mit der Frage: »Können Sie sich einen von Koch-Gotha gezeichneten SA-Mann vorstellen?« Fast zeitgleich mit der Gottbegnadeten-Listung wurde Fritzens Berliner Wohnung bombardiert und der Großteil seiner Zeichnungen verbrannte. Mit seiner Frau, der Corinth-Schülerin und Malerin Dora Stetter, zog er nach Althagen an der Ostsee. Im Sommerhaus des Paares hatte Fritz 1924 sein berühmtestes Buch, »Die Häschenschule«, gezeichnet, eine fröhlich-bunte Parodie auf die damalige Ohrenlangzieh-Pädagogik. Noch heute wird es gedruckt und gekauft.

Auf dem Gothaer Hauptfriedhof steht an Platz Nummer 236 auf dem Grabstein auch sein Name. Irritierend! Denn Fritzens sterbliche Überreste liegen in Wustrow auf der Halbinsel Fischland-Darß-Zingst.

Adresse Hauptfriedhof, Langensalzaer Straße 98, 99867 Gotha | **Anfahrt** A 4, Abfahrt Gotha, B 247 Ohrdrufer Straße, große Kreuzung rechts in die Stielerstraße, gleich links Seebergstraße, Oststraße, Lassallestraße, links Steinstraße, rechts Langensalzaer Straße bis Parkplatz Friedhof | **Öffnungszeiten** Okt.–März 8–17 Uhr, April–Sept. 7–20 Uhr | **Tipp** Das Lebenswerk von Albert Sixtus, dem Autor der »Häschenschule«, wird in einem privat geführten Archiv in Kottmarsdorf bei Görlitz bewahrt.

57 Das Krematorium

Asche zu Asche

Leichen feierlich zu verbrennen, war jahrhundertelang in Europa normal. Das aufkommende und sich immer mehr durchsetzende Christentum machte Schluss damit. Es gab nur noch die Möglichkeit, im Ganzen unter die Erde gebracht und dort von Würmern bis auf die Knochen abgenagt zu werden. Mittlerweile ist das Allgemeinwissen über die biologisch-chemischen Prozesse an und in menschlichen Überresten stark gestiegen, und Einäscherung erscheint heutzutage vielen als beruhigende Alternative.

Aber Nichtwissen war im 18. Jahrhundert kein Grund für Veränderung auf den Friedhöfen, sondern wachsende Probleme: Platzprobleme und Hygieneprobleme. Die armen Unterschichtler hatten Probleme mit den Kosten, und die Freidenker hatten ein Grundsatzproblem mit der christlichen Sargkultur. Die Alternative lag auf der Hand, aber die Widerstände waren groß. Der deutsche Klerus schimpfte vielstimmig von den Kanzeln.

Da war es von Vorteil, den ersten Schritt in einem Kleinstaat zu gehen, wo ein fortschrittsfreundlicher Chef das Sagen hatte. Herzog Ernst II. von Sachsen Coburg und Gotha erlaubte 1878 den Bau eines Krematoriums. Das allerdings musste mit privaten Geldern finanziert werden, die der Gothaer Feuerbestattungsverein einsammelte. Es gab einiges Hin und Her, bis man sich auf das klassizistisch-feierliche Aussehen einigte und der Stadtbaurat Bertuch die endgültige Architekturzeichnung für Krematorium und Feierhalle ausführte. Der aktivste Ehrenamtliche im Verein war ein Ingenieur: Carl Heinrich Stier. Testamentarisch verfügte er seine Einäscherung, starb aber schon ein Jahr, bevor das Krematorium seine Arbeit aufnahm, und wurde also erdbestattet. Aber am 10. Dezember 1878 wurde er wieder ausgebuddelt und verbrannt und wieder eingebuddelt. Er war der Erste in Gotha Eingeäscherte und blieb wohl der einzige Tote, der beide Bestattungsmethoden – darf man das sagen? – erlebte.

Adresse Hauptfriedhof, Langensalzaer Straße 98, 99867 Gotha | ÖPNV Stadtbus E, Haltestelle Hauptfriedhof | Anfahrt A 4, Abfahrt Gotha, B 247 Ohrdrufer Straße, große Kreuzung rechts in die Stielerstraße, gleich links Seebergstraße, Oststraße, Lassallestraße, links Steinstraße, rechts Langensalzaer Straße bis Parkplatz Friedhof | Öffnungszeiten Okt.–März 8–17 Uhr, April–Sept. 7–20 Uhr | Tipp Der jüdische Friedhof liegt an der Eisenacher Straße / An der Klinge.

58 Kürschners Geburtshaus

Der kunstsinnige Joseph

Den Namen Karl May kennt fast jeder. Winnetou und Old Shatterhand grüßen aus dem Phantasie-Wild-West des Schriftstellers. Band 94 der May-Gesamtausgabe ist der gesammelte Briefwechsel mit Joseph Kürschner. Der Name ist kaum noch bekannt, aber hier in der Querstraße Nummer 6 wird versucht, sein Andenken mittels einer Tafel am Leben zu erhalten. Schräg gegenüber eine Tafel für den anderen Joseph, den Lexikon-Meyer, dessen Name nach wie vor in aller Munde ist. Dabei war die Tätigkeit der beiden Josephs recht ähnlich, aber Kürschner war weniger der universale Lexikologe. Der 1853 in Gotha Geborene konzentrierte sich auf Theater und Literatur.

Joseph Kürschner schrieb und schrieb: über Konrad, den Namensgeber des Ekhof-Theaters, außerdem Theater-Chronologien und -Jahrbücher. Er verfasste Artikel für und redigierte unter anderen die populärwissenschaftliche Monatszeitschrift »Vom Fels zum Meer« und die »Deutsche Schriftstellerzeitung«, war leitend in Verlagen tätig. Für den Spemann-Verlag Stuttgart band er Karl May vertraglich exklusiv. Kürschner zuliebe schrieb Karl May mehrere Illustrationstexte: Weil Illustrationen sehr teuer waren, ließ man einfach zu einem Bild mehrere Geschichten von mehreren Autoren schreiben und druckte die Ergebnisse in unterschiedlichen Zeitschriften.

Kürschner gab einen Literaturkalender und ab 1886 das Richard-Wagner-Jahrbuch heraus. Herzog Ernst zu Coburg-Gotha ernannte ihn zum Professor. Kürschner war 1899 in Weimar Mitbegründer der »Gesellschaft der Bibliophilen«, der ältesten Büchersammlervereinigung in Deutschland. In Eisenach initiierte er das Museum für ein »gefährliches Individuum« (so auf einem Steckbrief von 1853), für Richard Wagner. Auf dem Hauptfriedhof der Wartburgstadt ist Kürschner begraben.

Karl May übrigens war nachweislich einmal persönlich in Gotha – wegen eines unschönen Termins im Amtsgericht.

Adresse Querstraße 6, 99867 Gotha | Anfahrt A 4, Abfahrt Gotha, B 247 Ohrdrufer Straße, geradeaus Enckestraße, Mühlgrabenweg, links Gartenstraße, Parkplatz suchen; zu Fuß Lutherstraße, dann links Marktstraße, rechts Querstraße | Tipp Ab 1666 wohnte in der Querstraße 21 der Justiz- und Hofrat Johannes Francke mit Familie, darunter Sohn August Hermann Francke, der spätere Gründer der Franckeschen Stiftungen in Halle.

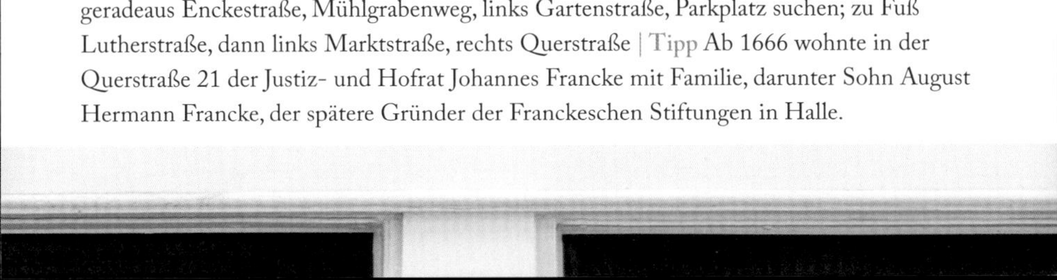

59 Lang'sches Stiftungshaus

Schule des bürgerschaftlichen Engagements

Johann Wilhelm Lang, geboren 1819 in Wetzlar, war mit zwei Jahren Halbwaise und mit zwölf ganz elternlos. Die Waisenversorgungsanstalt suchte eine Pflegefamilie, ein Schornsteinfeger bot sich an. Der wollte wohl einen kostengünstigen Gesellen, der den Wetzlarern aufs Dach stieg, aber Johann weigerte sich. Höhenangst? Man weiß nur, dass er 1838 ebenerdig eine Lehre beim Buchbindermeister Hennicke in Gotha antrat, wo er zum Gehilfen aufstieg. Dann half ihm der Tod, besser zu leben. Nachdem Hennicke gestorben war, führte Lang das Geschäft weiter. Er blieb sehr gern dort, denn die Tochter des Hauses, Ida, freute sich über seine Heiratsofferte. 1851 übernahm er das Geschäft in der Siebleber Straße ganz von der Schwiegermutter. Seine Firma, die »Geschäftsbücherfabrik«, Buchdruckerei und Buchbinderei, hatte über hundert Jahre Bestand. Er investierte viel an Handwerkerehre und Freundlichkeit in Kundenzufriedenheit.

Lang gehörte zu den Menschen, die sich selbst wenig gönnen, das erarbeitete Geld sparen, um der nächsten Generation viel zu hinterlassen. Doch wieder griff Freund Hein unfreundlich ein. Langs Sohn Gustav, dem er die Buchbinderei übertragen hatte, starb durch einen Unfall. Und so gab der in Gotha heimisch Gewordene, der sich schon an mehreren Stellen und immer uneigennützig für die Belange der Stadt eingesetzt hatte, eine große Summe in eine Stiftung. Ein Teil des Geldes sollte verwendet werden, um »unbemittelten Mädchen« eine Haushalts- und Koch-Ausbildung zu ermöglichen. Dafür wurde dieses schön-schlichte Backsteinhaus, das Lang'sche Stiftungshaus, gebaut und 1897 eröffnet.

Dort war auch Platz für die aus Stiftungsmitteln finanzierte Stadtbibliothek. Die Eröffnung hat Johann Wilhelm Lang nicht mehr erlebt. Zwei Jahre zuvor holte der Tod den Mann, »der uns ein Charakterbild von Bürgertugend hinterlassen hat«, wie es im Nachruf im »Gothaischen Tageblatt« hieß.

Adresse Gotthardtstraße 9, 99867 Gotha | **Anfahrt** A 4, Abfahrt Gotha, B 247 Ohrdrufer Straße, geradeaus Enckestraße, Steinmühlenallee, Friedrich-Perthes-Straße, Mühlgrabenweg, links Gotthardtstraße | **Tipp** Das unauffällige Gebäude in der Mariengasse 3 hat Ludwig Bohnstedt, der sonst groß und repräsentativ in Gotha bauen ließ, als Wohnhaus für Lang entworfen.

60 Das Laßwitz-Gymnasium

Zukunft in der Vergangenheit

Die Schule heißt natürlich richtig »Gymnasium Ernestinum«. Die Schulgeschichte geht zurück auf eine Bildungseinrichtung aus der Lutherzeit, die ob ihrer Qualität sehr schnell »Gymnasium illustre« – berühmt, glänzend, vortrefflich – betitelt wurde. Die Schule könnte auch nach Joseph Meyer, nach Schopenhauer, Francke, Blumenbach, Schlichtegroll (erster Mozartbiograf), Hey (Liederdichter), Lexikon-Meyer, Atlas-Stieler, Schützen-Sterzing, Versicherungs-Samwer oder irgendeinem anderen der vielen Lehrer sowie später berühmt gewordenen Schüler heißen. Eigentlich müsste die Schulfassade mit Gedenktafeln gepflastert sein. Nur Galetti scheidet aus: zu lustig. Und Werner Leich, der spätere Landesbischof. Leich-Gymnasium? Nein.

Aber Kurd Laßwitz wäre eine vortreffliche Wahl. Er war hier ein beliebter Lehrer. Im Schulfoyer steht die Büste des Erfinders von Homeschooling und utopischer Literatur in Deutschland. Ersteres nannte er »Fernschule«. 1897 erschien sein Science-Fiction-Roman »Auf zwei Planeten«. Der wurde in viele Sprachen übersetzt und löste in Deutschland ein zumindest literarisches Zukunftsfieber aus, das vor allem in den 1920er Jahren an Temperatur zulegte.

Der studierte Mathematiker und Physiker Laßwitz hatte 1873 seine Promotion mit »summa cum laude« abgeschlossen und bei der öffentlichen Disputation gefordert, dass Naturwissenschaft näher an das Volk gerückt, popularisiert werden müsse. Diese Legierung aus Wissenschaft und Populärliteratur bekam Laßwitz selbst sehr gut hin. Auch seine Schüler konnte er begeistern, unter anderen den später als »deutschen Jules Verne« bezeichneten Hans Dominik. Und mit Lehrerkollegen wie dem Geophysiker Adolf Schmidt machte er die »Mittwochsgesellschaft zu Gotha« zu einem Forum naturwissenschaftlicher Volksbildung. Seine humanistischen und pazifistischen, gesellschaftskritischen Texte wurden von den Nazis verboten.

Adresse Bergallee 8, 99867 Gotha | **ÖPNV** Straßenbahn 1, 3, 4, Haltestelle Myconiusplatz, über Bürgeraue, Burgfreiheit in die Bergallee | **Anfahrt** A 4, Abfahrt Gotha, B 247 Ohrdrufer Straße, an der großen Kreuzung links Stielerstraße, rechts Mozartstraße, links Parkallee, Schlossplatz, Puschkinallee, rechts Lindenauallee, links Bergstraße | **Tipp** Laßwitz-Stipendiaten wohnen im früheren Hospital im Brühl. Dort hat auch der Verein für Stadtgeschichte seine Räume.

61 Der Lindenhof

Treppenhaus in die Vergangenheit

Die baulichen Zeugnisse, die Erinnerungen an die militärische Nutzung dieses Geländes, sind fast verschwunden. Eines Tages werden auch die letzten Gothaer gestorben sein, die noch sagen: »Da waren mal die Freunde.« Die Freunde, so nannte man leicht ironisch die Offiziere und Soldaten des »großen Bruders«. Die hatten den Krieg gegen Hitlerdeutschland von Osten her gewonnen und waren als Besatzungsmacht geblieben. Als die Mauer fiel, waren allerdings auch die Tage der »Leute von C&A« gezählt. Die kyrillischen Anfangsbuchstaben C und A von »Sowjetskaja Armija« mutierten zum spöttisch gemeinten »Camping in Alemania«.

Ein Teil der alten, aus den 1930er Jahren stammenden Kasernengebäude wurde mit großem Aufwand saniert und umgebaut, teils auch abgerissen und Neues errichtet, Platz für das, was im neuen Staat gebraucht wurde: ein recht großes Arbeitsamt, eine moderne Polizeistation, Eigenheime sowie ein Supermarkt. Die alte Turnhalle ist heute Probensaal für die »Thüringen Philharmonie Gotha-Eisenach«. Und ein Vier-Sterne-Hotel entstand, der »Lindenhof«, anfangs von den Einheimischen leicht irritiert zur Kenntnis genommen, gab es doch schon die Gaststätte »Lindenhof« am Stadthallenvorplatz. Die schloss aber Ende 2021 ihre gastliche Pforte. Das Hotel »Lindenhof« ist nicht nur ein Übernachtungsort für Gäste der Stadt, sondern auch ein Veranstaltungsort für Gäste aus der Stadt. Beliebt sind Musical-Dinner und Lagerfeuerabende. Deutsche Prominente aus allen Himmelsrichtungen wissen, dass es in Gotha etwas Gutes zu essen und aufmerksames und begeisterungsfähiges Publikum bei der Veranstaltungsreihe »Ein Abend mit …« gibt.

Ein bauliches Zeugnis wurde original belassen: ein Treppenhaus der »Russenkaserne«. Neugierige Gäste können dort bis zum Saal unterm Dach Treppe für Treppe die alten Fotos betrachten. Eine erstaunliche Metamorphose.

Adresse Schöne Aussicht 5, 99867 Gotha | ÖPNV Stadtbus A oder Straßenbahn 1, 4, Haltestelle Schöne Aussicht | Anfahrt A 4, Abfahrt Gotha, B 247 Ohrdrufer Straße, an der großen Kreuzung links Stielerstraße, rechts Mozartstraße, links Parkallee, Schlossplatz, Puschkinallee, Reinhardsbrunner Straße, rechts Waltershäuser Straße, gleich links Schöne Aussicht | Tipp Herzliches Willkommen auch am Bahnhofsvorplatz: fünf Stelen für neugierige Gotha-Besucher, die wissen wollen, was Häuser, Globus und Nautilus symbolisieren.

62 Loesches Cafés

Treff der Widerborstigen

Wieso Cafés? Es kann nur eines geben! Oder? Natürlich, das einzig wahre ist das Café am Buttermarkt. Da steht es an der Fassade: »Café Loesche«. Hier kann man seinen Kaffeedurst löschen und den Kuchenhunger stillen. Aber das Café dieses Namens hat eine – bitte wörtlich nehmen – bewegte Geschichte. Es ist nämlich andauernd umgezogen: vom Hauptmarkt 10 ins »Haus zum Steinkauz« am Hauptmarkt 6, dann brannte es nebenan, und als die Löscharbeiten vorbei waren, war der Schaden so groß, dass ein neues Domizil gesucht werden musste. Das fand man am Buttermarkt. Und dann verschwand 1988 das »Café Loesche«, weil es umbenannt wurde in »Kaffeestuben am Buttermarkt«. Aber bei den Gothaern hieß es weiter so wie zuvor. Und nach der Wende hieß es eh wieder so wie gewohnt. Dabei gab es seit 1914 gar keinen Loesche-Konditor mehr, der Namensgeber Ernst Loesche hatte die Sahnespritztüte an den Nagel gehängt.

Das »Loesche« war das Stammcafé einiger Gothaer Künstler. Einer war Hanns Cibulka, der erste »Grüne« unter den DDR-Schriftstellern, der in seinen Gedichten und den veröffentlichten Tagebüchern die Umweltzerstörungen thematisierte, was den leitenden Genossen nicht gefiel. Oder der Maler Kurt W. Streubel, der partout nicht sozialistisch-realistisch malen wollte. Haben sie Gothaer Kranz gegessen, die Torte, die zu oft mit dem Frankfurter Kranz verwechselt wird? In einem Weimarer TV-»Tatort« starb jemand an vergiftetem »Gothaer Kranz«. Es war aber keiner, sondern klar ersichtlich Frankfurter. Denn der Gothaer ist nur echt ohne kandierte Kirschen obendrauf. Ohne!

Aus dem Café schaut man auf den Buttermarkt, wo seit dem 13. Thüringentag im Juli 2011 der übergroße Holzthron steht. Die vier Pfostenfiguren symbolisieren die ernestinischen Adelshäuser – der Mohr steht für die Coburger Linie. Und das Volk darf den Thron jetzt demokratisch besetzen. Viele Kinder beturnen ihn ganz unbefangen.

Adresse Buttermarkt 6, 99867 Gotha | **Anfahrt** A 4, Abfahrt Gotha, B 247 Ohrdrufer Straße, geradeaus Enckestraße, Mühlgrabenweg, links Gartenstraße, Parkplatz suchen; zu Fuß Lutherstraße, dann rechts Marktstraße, links Buttermarkt | **Öffnungszeiten** Mo–Fr 9.30–18 Uhr, Sa 10.30–18 Uhr, So 13–18 Uhr | **Tipp** Im »Café Kanne« am Buttermarkt kann man Gothas große Kaffeekannensammlung besichtigen und freilich auch Kaffee trinken.

63 Der Luftschiffhafen

Der gute Name Gotha

Der Passagier- und Frachtdampfer »Gotha« (Stapellauf in der Bremer Vulkanwerft, Oktober 1907, dann im Südamerikadienst der Norddeutschen Lloyd, mit viel Platz für Auswanderer) musste im August 1914 dem kaiserlich-deutschen Kreuzgeschwader »Graf Spee« als Versorgungsschiff dienen, aber schon im März des Folgejahres wurden Schiff und hundert Mann Besatzung in Valparaiso interniert. Der gute Ruf der Stadt litt eigentlich nicht. Das passierte erst, als vom Luftschiffhafen Gotha Langstreckenbomber starteten, auf denen der Name »Gotha« sehr gut zu lesen war. »Die Gothas kommen«, erscholl als lauter Schreckensruf in London und Paris.

Zunächst waren da Freude, Fortschrittsglaube, Euphorie. Herzog Carl Eduard von Sachsen-Coburg und Gotha – geboren in der englischen Grafschaft Surrey, ab dem 15. Lebensjahr in Deutschland auf seine Regentschaft vorbereitet – war ein technikverrückter Deutschnationaler, ein leidenschaftlicher Tiereerschießer und Vielreisender. Er besaß einen Salonwagen und mehrere Autos. Er förderte sehr früh das Flugwesen in seinem Herzogtum, speziell in Gotha. 1910 wurde feierlich die »Carl-Eduard-Luftschiffhalle« eingeweiht. »Graf Zeppelin im Luftschiff schaut, ob Gotha schon den Hafen baut.« Der Z-Graf selbst war nie hier, aber seine Erfindung sorgte mehrfach für Menschenaufläufe. Man musste eine Menge Markstücke hinlegen, dann konnte man privat an Rundflügen in den fliegenden Zigarren teilnehmen.

Der Menschheitstraum vom Fliegen wurde schnell ein Alptraum. Im Ersten Weltkrieg produzierte man in Gotha die ersten Langstreckenbomber. Mit 20 Maschinen, die den Namen »Gotha« trugen, flog das »Englandgeschwader« im Juni 1917 einen verheerenden Bombenangriff auf London. Das Königshaus, bis dahin als die von Sachsen-Coburg und Gotha bekannt, benannte sich in Windsor um. Heute ist »Luftschiffhafen« nur noch eine leere Adresse.

Adresse Am Luftschiffhafen, 99867 Gotha | ÖPNV Stadtbus C, Haltestelle Gewerbegebiet Luftschiffhafen | Anfahrt A 4, Abfahrt Gotha, B 247, rechts Dr.-Troch-Straße, Am Luftschiffhafen | Tipp Kein Scherz: Mit erholsamem Blick auf Himmel und Meer, unweit vom Hafen Dranske auf Rügen liegt das Feriendorf Gotha.

64 Das Marienbild

Ein malender Sterngucker-Bauer

Das Bild hat ein Bauer gemalt. Der Bauer war auch Sterngucker und Schriftsteller. Sein Buch »Einfache Gedanken eines Bauern über das Fortleben und den Aufenthalt der Seelen nach dem Tode« wurde 1856 in Gotha gedruckt. Der Bauer hieß Heinrich Gießler.

Der Ort Tröchtelborn gehörte jahrhundertelang zu Erfurt. Sein Turm war Teil eines Meldesystems. Wenn Gefahr drohte, entzündeten die Wächter Reisig, die Rauchzeichen waren weit zu sehen, die Stadttore des reichen Erfurts konnten rechtzeitig geschlossen werden. Im örtlichen Heimatmuseum »Steinerthof« kann einiges zur Geschichte Tröchtelborns, zu Traditionen, Sitten und Gebräuchen und zu alter Technik angeschaut werden.

Im 18. Jahrhundert kam der Bauer Heinrich Gießler, Besitzer des Edelhofes und eine allseits gebildete Persönlichkeit, auf die Idee, diesen Turm zur Sternwarte umzufunktionieren. Gießler und sein Sohn schauten mit einfachen Geräten neugierig ins nächtliche Himmelszelt, aber Gießlers astronomische Studien müssen so bemerkenswert gewesen sein, dass auch der berühmte Gothaer Hofastronom Franz Xaver von Zach Interesse an den Ergebnissen hatte. Die beiden Sternengucker tauschten sich rege aus und fachsimpelten über die himmlische Beleuchtung.

Was werden die Tröchtelborner hinter vorgehaltener Hand über ihren Mitbürger getuschelt haben? So ganz geheuer dürfte er einigen nicht gewesen sein. Den klugen Bauer focht das sicher nicht an. Er dürfte ein stolzer Mann gewesen sein, dessen Blick weit über den dörflichen Ortsrand hinausging. Aber man sah sich im Glauben vereint. Obwohl es denkbar ist, dass Gießler beim Absuchen des Himmels doch ab und an ins Grübeln kam, wo sich sein Herrgott denn verstecke. Das dörfliche Universalgenie, dessen Bilder – größtenteils wohl zwischen 1840 und 1860 entstanden – öffentlich anerkannt waren und gekauft wurden, saß jeden Sonntag in der Kirche mit Blick auf die eigenen, gottesfürchtigen Werke …

Adresse Kirche St. Bonifatius, Kirchberg, 99869 Tröchtelborn, der Turm befindet sich am Nordrand des Dorfes | **ÖPNV** Bus 891, Haltestelle Tröchtelborn, zu Fuß weiter auf Hauptstraße, dann links am Dorfrand, bis man den Turm sieht | **Anfahrt** A 4, Abfahrt Gotha, auf B 247 durch Gotha, rechts Kindleber Straße, in Kindleben Gothaer Straße Richtung Friemar, links L 2145, rechts L 1043 nach Tröchtelborn, Kirchberg | **Öffnungszeiten** (Kirche und Pfarrhaus) nur auf Anfrage bei Frau Marion Schulz, Tel. 0162/4075115 | **Tipp** Einer der bedeutendsten Komponisten des Frühbarocks, Michael Altenburg, war zwischen 1610 und 1622 Pfarrer in Tröchtelborn. Die bemalte Vertäfelung des Altenburgschen Wohnzimmers im 1572 erbauten Pfarrhaus ist noch im Originalzustand erhalten.

65 Das maritime Badezimmer

O Captain! My Captain!

In vielen Schlössern gibt es Geheimtüren, Geheimgänge und geheime Zimmer. Manches scheint nur geheimnisvoll, bis man die wirkliche Nutzung erfährt: fensterlose, kalte Zimmer hinter den Zimmern der Herrschaften, wo die Dienerschaft hauste, immer bereit, auf ein Klopfen oder Klingeln hin aufzuspringen und ihre Pflicht zu tun. Natürlich gibt es auch Fluchtgänge und Stelldichein-Zimmer, schamhaft versteckte Plumpsklos oder modernere Toilettenanlagen. Im Schloss Friedenstein gibt es ein Sehnsuchtszimmerchen. Der Installateur würde sagen: eine Nasszelle. Aber diese hier ist eine herzogliche, Kosten spielten wohl keine allzu große Rolle. Und es ist ein Traumraum, eine Möglichkeit, für kurze Zeit der schnöden Realität zu entfliehen.

Der Tagträumer hieß Alfred, Prinz von Edinburgh, zweiter Sohn der britischen Königin Victoria und ihres geliebten Ehemannes Albert von Sachsen-Coburg und Gotha. Alfred, liebevoll »Affie« genannt, wollte unbedingt ein Seemann werden und trat 1856 der »Royal Navy«, der königlichen Marine, bei und befuhr die Ozeane. Alle Ozeane. Als Captain der Fregatte »Galatea« befehligte er das Schiff bei seiner Weltumseglung. Als erstes Mitglied des britischen Königshauses betrat er australischen Boden und hätte den beinahe nicht wieder verlassen, weil ein Attentäter ihm in den Rücken schoss. Aber was schert einen Royal eine irre Iren-Kugel? Irritierender war für den ganz oben auf der seemännischen Karriereleiter angekommenen Admiral Albert Jahre später seine Berufung auf den fränkisch-thüringischen Sachsen-Thron. Wo er doch nur Angelsächsisch sprach. Von den Weltmeeren ins Thüringer Becken. Und da ließ er sich von der Eisenacher Firma Gebr. Demmer und anderen Thüringer Handwerkern dieses Bad einrichten. In der Badewanne war er Kapitän.

Aber sonst war er unglücklich, Alkohol und Kehlkopfkrebs beendeten 1900 sein Leben.

Adresse Schloss Friedenstein, Schlossplatz 1, 99867 Gotha | Anfahrt zum Schloss Friedenstein: A 4, Abfahrt Gotha, B 247 Ohrdrufer Straße, Kreuzung links Stielerstraße, rechts Mozartstraße, links Parkallee, Schlossplatz, rechts hoch auf den Parkplatz am Schloss | Öffnungszeiten Badezimmer: nur bei Führungen am 4. Do ungerader Monate, jeweils 19 Uhr (Das hört sich etwas mystisch an, ist aber tatsächlich so!), Kontakt: Herr Karthe, Tel. 03621/8234500, E-Mail: karthe@stiftung-friedenstein.de | Tipp Alfreds Ehefrau, die Zarentochter Maria Alexandrowna, ließ ihm zu Ehren in Luisenthal die Herzog-Alfred-Gedächtniskirche errichten.

66 Der Miniwald

Grüner Fleck am Mohrenberg

Es ist schon etwas Besonderes, dass vor dem Stadttor, wo damals wie heute eine Fernstraße den Süden Deutschlands mit dem Norden verbindet und seit Anfang des 17. Jahrhunderts ein »Gasthaus zum Mohren« stand, ein Miniwald entsteht. Zwei Straßennamen erinnern noch heute an den heiligen Mauritius und das nach ihm benannte Gasthaus, in dem Fürst Hardenberg 1817 das erste Bier aus einer Bierflasche trank. Vergessen die Zeiten, in denen Menschen ihren Durst im »Schwarzburger Hof« stillten oder in den »Mohren« zum Tanzstundenball schwärmten. Keiner vermisst die alte Fleischerei, wo man die leckeren Knobländer-Bockwürste kaufte, oder den Spielzeugladen, wo es »unter dem Ladentisch« die begehrten Fugger-Holztraktoren gab. Die Drogerie am Mohrenberg verschwand, genauso wie der Fischladen, in dessen Schaufenster die Karpfen schwammen.

Die alten Häuser am Bürgersteig sind gewichen, und Freiräume blinzeln hervor, die danach lechzen, dass ihnen Gutes getan wird. Eine Idee war, im Jahr 2020 einen Miniwald anzulegen, nach dem Vorbild des »Tiny forest« in Japan. Heimische Baum- und Strauchvielfalt zog ein, wo uralte, ehemals besiedelte Böden Ruhe zur Regeneration brauchten. Gleichzeitig schafften die neuen Flora-Siedler auch eine besondere Biodiversität, locken als Bienenweide Insekten an und sind eine kleine grüne Oase mitten in der Stadt.

Gothas Miniwald, umschlungen von nachwachsendem Zaun aus geflochtener Weide, wird kein Einzelstück bleiben. In allen Ecken der Stadt gibt es bereits Nachahmer. Hier übernahm Gotha eine Idee aus Japan, weil auch Japan einst eine Idee aus Gotha kopierte. 1895 kam Yano Tsuneta, um bei der GOTHAER eine Versicherung auf Gegenseitigkeit kennenzulernen. 1902 verwirklichte er nach diesem Vorbild sein Konzept, und es entstand die Dai-ichi, Japans erstes Versicherungsunternehmen auf Gegenseitigkeit. Eine Win-Win-Angelegenheit.

Adresse Mohrenberg, 99867 Gotha | **Anfahrt** A 4, Abfahrt Gotha, B 247 Ohrdrufer Straße, Enckestraße, Steinmühlenallee, Mühlgrabenweg, Mohrenstraße, parken, zu Fuß ein paar Schritte auf den Mohrenberg | **Tipp** Im ehemaligen Winterpalais (heute Bibliothek) waren die Brüder Grimm mehrmals, um ihre Tante, die Kammerfrau Henriette Zimmer, zu besuchen. Wald- und Märchenbücher sind ausleihbar.

67 Der Müller-Tempel

Wanderziel mit Ausblick

Der Müller-Tempel am Adolf-Wandersleb-Weg ist Ernst Adolph Müller gewidmet. Zwei Adolfe aus einer Zeit, als das noch ein ganz normaler Name war und auch in der französischen Schreibweise keine nationalistischen Ausfälle provozierte. Der eine, Adolf Wandersleb, für den am Krahnberg ein Denkmal mit Büste steht, war »Herzoglicher Musikdirektor« am Gothaer Hof und gilt als der Vater der Thüringer Sangeslustigen und der großen Gesangsfeste. Der andere Adolph, dem das Eisentempelchen gewidmet ist, war ein gemeinnützig engagierter Jurist und Politiker. War Wandern des Müllers Lust? Viel Zeit wird er dafür nicht gehabt haben. Ab 1858 war er juristischer »Special-Kommissär« in Gothaischen Staatsdiensten, vier Jahre später freischaffender Rechtsanwalt. Er reiste viel, war Mitglied im Deutschen Nationalverein, eine Organisation, die ein einheitliches Deutschland auf revolutionslosem Weg per Recht und Gesetz anstrebte.

Für die sich als liberal verstehende Deutsche Fortschrittspartei saß Müller im Landtag von Sachsen-Coburg und von 1878 bis 1881 im Deutschen Reichstag. Vielleicht ist der 1902 gebaute Müller-Tempel nicht nur eine dankende Verneigung vor einem engagierten Bürger, sondern auch ein Ort, wo man nach politischen Redeschlachten ein ruhiges Plätzchen der inneren Einkehr fand. Zum Runterkommen, wie man heute sagt. Blick in die Natur. Unpolitisches Grün beruhigt.

Unsere Vorfahren in den internet- und fernsehfreien Zeiten blickten gern ins Grüne. Kaum einer hat es damals für nötig befunden, diesen positiven Einfluss auf Menschen zu erforschen. Man wusste es einfach. Natur entspannt. Blutdruck und Puls gehen runter, die Lunge füllt sich mit Frischluft. Schon wenige Naturminuten – wissenschaftlich nachgewiesen – steigern die Frustrationstoleranz. Der Müllertempel – ein Ort der Glückseligkeit, wenn nicht gerade wieder Vandalen gehaust haben.

Adresse Adolf-Wandersleb-Weg, 99867 Gotha | ÖPNV Stadtbus C, Haltestelle Zeppelinstraße, zu Fuß weiter Eisenacher Straße, dann rechts in den Berggartenweg, rechts Adolf-Wandersleb-Weg | Anfahrt A 4, Abfahrt Gotha, B 247 Ohrdrufer Straße, geradeaus Enckestraße, Mühlgrabenweg, links Gartenstraße, am Berta-von-Suttner-Platz leicht rechts in die Eisenacher Straße, rechts Berggartenweg, parken, weiter zu Fuß | Tipp Der Frank-Tempel auf der »Kahlen Beule«, der 1911 zu Ehren des Gothaer Senators Bernhard Frank eingeweiht wurde, besteht nur noch aus Seitenwänden und Treppe.

68 Die namenlose Kirche

Wo die Kleiber wohnten

Wer auch immer erstmals den Namen aufschrieb, war wohl kein Freund des Dorfes. In einer Urkunde des Klosters Georgenthal von 1346, in der ein Rittergut erwähnt wird, steht: »Gotzbrechterode«. Hatte der Schreiber sich vielleicht nach einem Saufgelage gleich zweimal übergeben? Gekotzt und gebrochen? Schon seltsam. Aber die Chronisten der weiteren Jahrhunderte wandelten die Schreibweise immer mehr ins Positive: Gospiteroda, was irgendwie ein bisschen geheimnisvoll klingt. Es könnte auch ein Zauberspruch sein. Heute ist Gospiteroda ein zauberhaftes Dorf, ein schmucker kleiner Ort, der sich klug vor großem Autoverkehr schützt, indem man einfach mal eine Ortseinfahrt mit zwei Warnbaken verengte.

Im römisch-katholischen Kirchenrecht ist seit 1218 festgelegt, dass jede Kirche einen Namen haben muss (!), der nach vollzogener Weihe nicht geändert werden kann. Aber es gab ja Luther und die Reformation, und es wurde mit diesem »Muss« gebrochen. Trotzdem sind Gotteshäuser ohne Namen recht selten. In Gospiteroda wurde im Dreißigjährigen Krieg auf Betreiben des Gutsherrn diese Wehrkirche gebaut. Es soll einen unterirdischen Fluchtgang zwischen Gutshaus und Kirche gegeben haben. Der sei aber eingefallen und der entstandene Graben einfach aufgefüllt worden. Die namenlose Kirche hat auch keinen das spätgotische Schiff überragenden Turm. Aber schön ist sie doch. Noch schöner, seit sie in den 1990er Jahren rundum saniert wurde. Auch die Orgel ist repariert und herausgeputzt. Aber einen Namen hat sie immer noch nicht.

Kirche und Gemeinde waren der Seelenanker in Not- und Kriegszeiten. Die Zeiten wurden besser, die Kirchen leerer. Ganz verschwunden sind die Gospiterodaer Kleiber, Spezialisten beim Ausfüllen der Holzfachwerke mit Lehm. Kleiber gibt es nur noch zur Freude der Ornithologen.

Adresse Kirche, Kirchgasse 2, 99887 Georgenthal-Gospiteroda | ÖPNV Bus 853, Haltestelle Gospiteroda | Anfahrt A 4, Abfahrt-Gotha-Boxberg, auf L 1026 nach Gospiteroda | Öffnungszeiten zu den Gottesdiensten | Tipp Caféhaus und Bäckerei Spiegler in der Kirchgasse 11a, unbedingt Holländerschnitte probieren.

69 Der Neue Konsum Ballstädt

Gemeinsinn macht Sinn

Wer Konsum »Konnsuhm« ausspricht, meint meistens Essen, Trinken oder den Verbrauch von illegalen Substanzen. Etwas weiter gedacht, fällt auch das Nutzen von Dienstleistungen jeder Art unter »Konnsuhm«. Wer allerdings den »Neuen Konsum« in Ballstädt so ausspricht, outet sich als Nichtwisser. Denn diese Einrichtung spricht sich »Konnsumm«, hat aber mit der alten Handelsmarke, mit den untergegangenen Konsumgesellschaften nichts zu tun. Außer vielleicht die Öffnungszeiten: Über Mittag ist in Ballstädt traditionell zu.

Konsumgesellschaften in Form von Genossenschaften gab es übrigens in Österreich sowie in Deutschland Ost und West. Auch als die West-Konsums unter dem Konkurrenzdruck zur »co op AG« fusionierten, sprachen die Kunden immer noch davon, zum Konsum zu gehen. Im Osten war der »Konsum« vor allem der Einzelhandelsladen für den täglichen Bedarf, stark verbreitet im ländlichen Raum. Aber »Konsum« betrieb auch Gaststätten, Hotels, Produktionsbetriebe und Warenhäuser. Bei »konsument« konnte man zeitweilig sogar per Katalog bestellen. Nur Weniges existiert noch. Einige Konsum-Genossenschaften sind zu Immobilienhaien mutiert.

Aber der hier ist neu, entstanden aus Notwehr und Gemeinsinn. 2014 schlossen Gaststätte und Bäckereifiliale in Ballstädt. Da taten sich über 50 Leute und ortsansässige Firmen zusammen und gründeten eine Bürgergenossenschaft. Glücklicherweise war das Gebäude des alten Konsums gemeindeeigen. Dort hinein kam »DER NEUE KONSUM«. Ein Dorfladen, der auch als Post- und Lottoannahmestelle und Café fungiert, mit Buchtausch- und Zeitungsangebot. Man muss nicht kilometerweit zum Discounter fahren. Die Verkaufsstelle ist wieder nah an die Einwohner herangerückt. Darum heißt es ja Nahversorgung. Der Umbau 2015 wurde gefördert von weit weg, aus EU-Mitteln.

Adresse Stubengass2, 99869 Nessetal-Ballstädt | **ÖPNV** Bus 823, Haltestelle Ballstädt oder Bahn RB 53 Richtung Bad Langensalza, Bahnhof Ballstädt | **Anfahrt** A 4, Abfahrt Gotha, auf B 247 durch Gotha, über Warza nach Westhausen, dort Hauptstraße nach Ballstädt | **Öffnungszeiten** Mo und Sa 7.30–11 Uhr, Di–Fr 7.30–11 und 15–18 Uhr | **Tipp** Die 1834 in Eggersdorf bei Magdeburg gebaute Bockwindmühle wurde erst 1930 nach Ballstädt umgesetzt. Besichtigung und Trauungen möglich.

70 Das Neue Rathaus

Hochstapler und Schlaraffen

Eigentlich müsste ein zwinkernder Uhu die Eintretenden begrüßen, aber das wäre der Ernsthaftigkeit des Hauses in heutiger Nutzung abträglich. Das neue Rathaus war einmal das größte und prächtigste Hotel Gothas: das Schlosshotel. Kaum noch vorstellbar, oder? 700 Gäste nahmen an der Eröffnung im Januar 1912 teil, da war die Luxusbleibe mit Saal und Gourmetrestaurant noch gar nicht ganz fertig (ehemalige Hiesige dachten bisher, dass das nur eine Erscheinung der Ulbricht-Honecker-Zeit war). Und dann wurde das Haus auch ein Teil des Uhuversums, weil sich hier die »Schlaraffia Gotha« traf. Von außen betrachtet ist die »Schlaraffia« ein weltweiter, deutschsprachiger Verein von Kasperköpfen, die sich seltsame Namen geben und obskure Riten pflegen. Frauen verstehen so etwas angeblich nicht, darum sind diese Störfaktoren ausgeschlossen. Aber die Männer pflegen Humor und Kunst, seit die erste »Schlaraffia« 1859 in Prag von Theaterleuten und Musikern gegründet wurde. Einer der Gründer trat ein Engagement am Theater Coburg / Gotha an und erweckte den Freizeitspaß auch hier zum Leben. Das »Reych Gothaha« entstand, ging 1893 unter, wurde 1904 erneut gegründet, und dann eroberten die Schlaraffen ihre Reychs-Räumlichkeiten im Schlosshotel.

Im Dezember 1926 war ein Eulenspiegel Hotelgast: der Hochstapler Harry Domela, der falsche Prinz von Preußen. Die Gothaer Gesellschaftsspitzen legten eine breite Schleimspur. Domela spottete in seinen Memoiren über die »Affen und Laffen, die sich für Gott weiß was hielten«. Waren Schlaraffen darunter?

1939 befahl der Thüringer Obernazi Fritz Sauckel den Umbau und damit die ästhetische Zerstörung des Hotelbaus. Die Aktion endete wie das faschistische Gesamtprojekt im Desaster. Die »Schlaraffia« wurde in der Hitlerzeit verboten. Sie erholte sich erst »anno Uhui 161«, nach unserer Zeitrechnung 2020, als »Colonie Zu den Drey Gleichen«.

Adresse Neues Rathaus, Ekhofplatz 24, 99867 Gotha | ÖPNV Straßenbahn 1, 2, 4, Haltestelle Huttenstraße, zu Fuß Friedrichstraße zum Ekhofplatz | Anfahrt A 4, Abfahrt Gotha, B 247 Ohrdrufer Straße, geradeaus Enckestraße, Steinmühlenallee, Justus-Perthes-Straße, rechts Friedrichstraße, Ekhofplatz | Tipp Vor dem Rathaus sitzen auf einem E-Verteilerkasten Arnoldi, Spohr, Ekhof und Reyher. Wer dieses Buch fertiggelesen hat, wird sie alle kennengelernt haben.

71 Die Nottleber Maskarons

Zeugen einer Wiederauferstehung

Nottleben war eines der Erfurter Küchendörfer. 1802 kam der Ort mit Erfurt zu Preußen, während der Napoleonischen Zeit zu Frankreich. Die Franzosen pressten das Dorf aus, und auf ihrem Rückzug richteten die plündernden Soldaten noch größeren Schaden an. Damals hätte man richtigerweise eines der beiden »t« im Ortsnamen streichen sollen. Die Not in Nottleben war groß. Kein Gott half gegen den kleinen Größenwahnsinnigen, auch die Maskarons an der Kirche entfalteten keine abschreckende Wirkung.

Maskarons? Bitte nicht mit dem französischen Kleingebäck namens Macarons verwechseln. Ein Maskaron oder Mascaron ist ein Fratzengesicht. Wieso solche halbplastisch ausgeführten Masken auch an Kirchen angebracht wurden, ist nicht vollständig erklärbar. Meinten unsere Vorfahren, der liebe Gott allein würde es nicht schaffen, sie zu schützen? Lieber noch ein paar groteske Fratzen an den Kirchturm – doppelt hält besser? Die Fratzengesichter an Häusern, an Tor- und Fensterbögen gibt es seit der Antike. Ein besonders hässliches, dazu übergroßes Exemplar von Maskaron befindet sich im Garten des Giusti-Palastes im italienischen Verona, zehn Minuten Fußweg entfernt vom berühmten Romeo-und-Julia-Balkon. Und ein ganz kleines findet man auf dem »Taler auf die Einnahme von Gotha«, den der sächsische Kurfürst August 1567 nach der Einnahme der Burg Grimmenstein prägen ließ.

Die Maskarons an der Kirche St. Peter und Paul überlebten den heftigen Beschuss Nottlebens kurz vor Ende des Zweiten Weltkrieges. Die Kirche verfiel. Zwar wurde in den 1950er Jahren der Turm samt Turmkopf repariert, aber nicht das Dach auf dem Kirchenschiff. Es regnete rein. Die Orgel verrottete. Die wertvollen Teile der Ausstattung wurden gerettet. Als zu oft Ziegel abstürzten, trug man das gesamte Dach ab. Übrig blieben leere Mauern. Erst vor wenigen Jahren wurde das Kirchenschiff neu eingedeckt und bekam die großen Gaubenfenster.

Adresse Schulwinkel, 99192 Nottleben, Eingang auch über Friedhofstor an der Hauptstraße | Anfahrt A 4, Abfahrt Gotha, Ohrdrufer Straße, große Kreuzung rechts (B 7) Stielerstraße, weiter Salzgitterstraße, links Mönchallee, rechts Weimarer Straße, raus aus Ort, weiter B 7, dann links nach Nottleben | Tipp Wer einen Partner für die Vermarktung ökologischer Produkte sucht, findet den Im Flattich 6a (Marktgemeinschaft »Ökoflur«). Man kann auch einkaufen; Angebote auf oekoflur.de

72 Das Ohr an der Wand

Streit um baugebundene Kunst

Die Gothaer Verwaltungsbehörde ärgerte 1911 den Architekten Otto Carus, sie kujonierte ihn geradezu, denn Carus musste insgesamt fünfmal mit immer wieder überarbeiteten Entwürfen für das geplante neue Eckhaus vorstellig werden. Man ahnt, dass im Hintergrund Intrigen gesponnen wurden, die nach Fertigstellung des Hauses in einen halböffentlichen Verriss mündeten. Zunächst wurde der Neubau im örtlichen Tageblatt als »hochinteressant« gelobt. Dann regte sich ein anonymer Kritiker, der mit »ss« unterschrieb. Es war ein offenes Geheimnis, dass sich hinter diesem Kürzel »Stadtbaurat Schrauff« verbarg. Schrauff regte sich auf. Über die angeblich zu hohe Höhe des Gebäudes, über die Anzahl der künstlerischen Fassadendetails, so aufdringlich und störend – das Auge sei beim Anblick des Hauses überfordert.

Wegen der vielen Symbole schlug der Herr Stadtbaurat hinterlistig vor, eine Tafel anzubringen, auf der alles erklärt würde. Natürlich ist am Haus viel zu entschlüsseln, wenn man das möchte, aber es hat ja auch nie jemand Tafeln neben Altarbilder oder andere Gemälde christlichen Inhalts gehängt, um deren reiche Symbolik zu erklären. Die Kirchen wären zugetafelt.

Vom Haus schauen Luther und Myconius auf ihre Arbeitsstätte, das Augustinerkloster. Die vier geflügelten Köpfe oben am Erkerturm stehen für die vier Evangelisten: der Engel für Matthäus, Löwe für Markus, Stier für Lukas und Adler für Johannes. Als wollte der Architekt Carus die Häuser oder ihre Betrachter auffordern, sich über die Straße hinweg über Kirche und Kirchengeschichte auszutauschen. Täten sie es, das Auge Gottes würde auf sie herabblicken und das Ohr alles hören. An den Hausseiten viele kleine Verbeugungen vor arbeitenden Menschen: Werkzeuge, landwirtschaftliche Produkte, Handelswaren. Und auch der Bauherr, Uhrmachermeister und Hoflieferant Hugo Waegner, hat seine Zeichen bekommen. Wer suchet, der findet!

Adresse Jüdenstraße 34, 99867 Gotha | ÖPNV Straßenbahn 1, 3, 4, Haltestelle Myconiusplatz, dann in Jüdenstraße | Anfahrt A 4, Abfahrt Gotha, B 247 bis große Kreuzung, dort links in Stielerstraße, weiter Bebelstraße, Parkstraße, rechts in die Lindenauallee, links Bergallee, rechts Bürgeraue, gleich rechts Augustinerstraße, links Klosterplatz, Jüdenstraße | Tipp Sehr schöne Gründerzeithäuser kann man in Reihe in der Seebachstraße angucken.

73 Die Paul-Emil-Jacobs-Stele

Ein fast vergessener Maler

Beinahe hätten Gotha und Berlin eine Verbindung mit hoher Werbewirkung gehabt, aber der Preisträgerentwurf wurde nicht gebaut. Welcher? Der Reichstag. Franz Ludwig Carl Bohnstedt, hochdekorierter Architekt und Gothaer Stadtbaudirektor, wurde vom obersten Treppchen gestoßen mit der schnöden Begründung, er sei kein Berliner. Er war auch kein Finne und entwarf die Nationalbank in Helsinki, kein Lette und baute doch die Nationaloper in Riga. Bohnstedts Gebäude stehen für Autorität, Reichtum, Größe. Hingegen ist Bohnstedts Stele für Paul Emil Jacobs Ausdruck seiner Freundschaft und gleichzeitig eine Verbeugung vor dem Malergenie.

Paul Emil Jacobs wurde 1802 in Gotha geboren und starb hier gut 60 Jahre später. Das klingt provinziell, aber genau das Gegenteil war der Fall. Jacobs war ein international anerkannter Künstler, europaweit unterwegs, Mitglied der Kunstakademien in Berlin und St. Petersburg, seine Bilder gewannen auf englischen und amerikanischen Ausstellungen Preise. Er war ein Maler von hohem Können, gefragt als Porträtist. Die Konterfeis einiger Mitglieder des Herrscherhauses von Sachsen-Gotha brachten ihm Geld, Ruhm sowie die Titel Hofmaler und Hofrat ein. Er malte Bilder für Schlösser wie die Königliche Residenz in Hannover, für Kirchen wie die Christkönigskirche in Gotha und den Smolny in St. Petersburg, gestaltete historische, mythologische und biblische Szenerien, Allegorien und Genrebilder. Alles sehr klassisch im Stil, sich einfügend in eine große Reihe der Malerei als hochprofessionelle Dienstleistung für Kirche und Staat. Jacobs war immer verwoben in das Denken und Fühlen seiner Zeit (das zeigen auch seine Orient-Bilder sehr deutlich), kein aufführerischer Geist, kein Kunstrebell. Aber wenn man auf seine überlebensgroßen Luther- und-Melanchthon-Bilder in der St.-Viti-Kirche Wechmar schaut, sieht man: ein hervorragender Maler.

Adresse Bergallee / Ecke Burgfreiheit, 99867 Gotha | **ÖPNV** Straßenbahn 1, 3, 4, Haltestelle Myconiusplatz, über Bürgeraue, Burgfreiheit zur Bergallee | **Anfahrt** A 4, Abfahrt Gotha, B 247 Ohrdrufer Straße, an der großen Kreuzung links Stielerstraße, rechts Mozartstraße, links Parkallee, Schlossplatz, Puschkinallee, rechts Lindenauallee, links Bergstraße, vorfahren bis Burgfreiheit | **Tipp** In der Aula der Myconius-Schule, Bürgeraue 23, sind vier allegorische Jacobs-Gemälde erhalten geblieben.

74 Die Perthes

Wissensdurst und Kaufmannslust

Der Name Perthes ist aus der Gothaer Geschichte nicht wegzudenken. Es ist wie mit Goethe und Weimar – nur auf anderen Gebieten. Und die Geschichte wurde bis in die Gegenwart verlängert, als das historische Gebäude des 1785 gegründeten Verlages Justus Perthes 2012 bis 2014 zum Perthes-Forum umgebaut wurde. Das ist nun vor allem ein Ort der Wissenschaft, der Forschungsbibliothek, der Sammlung Perthes und bedeutender Archivbestände.

Wenn man alles Perthes'sche betrachtet, kann man ob der vielen Leute dieses Namens schon mal den Überblick verlieren. Vor nicht allzu langer Zeit hat Stephan Justus Perthes, ein Nachkomme in siebenter Generation, die Restaurierung des Grabsteins bezahlt, unter dem einst sein Vorfahre Johann Georg Justus Perthes lag. Der Stein steht jetzt im Ehrenhain auf dem Hauptfriedhof. Der, der darunter begraben wurde, lag da, wo heute die große Eingangstreppe der Arnoldi-Schule beginnt.

Ein Perthes ist zwar nicht der Erfinder des Adelsregisters, das anfänglich den Buchtitel »Gothaischer Hof-Kalender zum Nutzen und Vergnügen« trug, aber er hat dem Kompendium Weltruhm verschafft. Man sagte und sagt: Der Gotha! Da steht alles drin, was in der Welt des Adels Rang und Namen hat. Und der Perthes-Kartografie-Verlag war mit Ausgaben wie »Stielers Handatlas« und »Petermanns Geographische Mitteilungen« und vielen Atlanten und Kartendrucken im 19. Jahrhundert und Anfang des 20. weltmarktführend. Ein Global Player, würde man heute sagen. Viele großformatige Karten harren der Restaurierung und öffentlichen Ausstellung im Perthes-Forum.

Gotha hat zwei Perthes-Straßen, weil auch der Verleger und Buchhändler Friedrich Perthes Bedeutendes geleistet hat. 1903 zog der Verlag in das neu gebaute Haus, über dessen Tür eingemeißelt ist: »ERST WEG'S – DANN WAG'S.« Der Steinmetz war nicht rechtschreibsicher.

Adresse Friedrich-Perthes-Straße 4, 99867 Gotha | Anfahrt A 4, Abfahrt Gotha, B 247 Ohrdrufer Straße, Enckestraße, Steinmühlenallee, Friedrich-Perthes-Straße | Tipp Die Neorenaissance-Villa in der Justus-Perthes-Straße 11 war Wohnhaus einiger Perthes-Familienmitglieder. In Garten und Souterrain ist ein Bistro-Café eingezogen.

75 Das Pestpförtchen

Wenn's hilft

Jemandem die Pest an den Hals zu wünschen, war jahrhundertelang starker Beschimpfungstobak. Der Pest fielen Abertausende von Menschen zum Opfer. Die Infektionskrankheit gibt es seit über 5.000 Jahren. Ägypter, Griechen, Römer schrieben in ihren Annalen über diese Geißel der Menschheit. Aber im Mittelalter mutierten die Pesterreger so, dass Flöhe als Überträger fungierten. Die europäischen Städte waren damals das Paradies für Keime, Viren und Bakterien. Die engen Straßen waren übersät mit menschlichen und tierischen Stoffwechselendprodukten. Nachttöpfe wurden zum Fenster hinaus entleert. Auf den Märkten ließen die Fleischer die Schlachtabfälle einfach fallen und das Blut auf den Boden tropfen. Zwischen allem wuselten Schweine und andere Haustiere herum. Wenn es regnete, wurde alles zu einem widerlich stinkenden Matsch, der von Mensch und Tier überallhin verteilt wurde. Seuchen wie der Pest waren Tür und Tor geöffnet.

In der steinernen Parkabgrenzung sieht man links eine vermauerte Pforte mit der Jahreszahl 1554. Der Sage nach ist es die Pforte gewesen, durch die einst die Pesttoten auf den alten Friedhof getragen wurden. Glaube versetzt nicht nur Berge, sondern beendet auch Seuchen. Ein Wandermönch schlug vor, die Pforte zuzumauern. Und schwupps war die Pest mit eingesperrt. Als 2016 die Friedhofsmauer erneuert wurde, mauerte man auch den sanierten Steinbogen der Pforte wieder zu. Vorsichtshalber, oder?

Übrigens liegt hier nicht nur der Versicherungs-Arnoldi – allerdings nicht direkt unterm Grabmal, weil das zweimal umgesetzt wurde –, sondern unter anderen auch der Theater-Erneuerer Ekhof, der Bestsellerautor und Buchhandlungsgründer Becker, Schulrektor Geißler, der die Prügelstrafe abschaffte, der Oberilluminat Weishaupt, der Salinist und Bohrspezialist Glenck und der Bryologe (Moosforscher) mit dem schönen Namen Samuel Élisée von Bridel-Brideri.

Adresse Eisenacher Straße, gegenüber Arnoldi-Schule, 99867 Gotha | ÖPNV Stadtbus C, Haltestelle Eisenacher Straße | Anfahrt A 4, Abfahrt Gotha, B 247 Ohrdrufer Straße, geradeaus Enckestraße, Steinmühlenallee, Justus-Perthes-Straße, rechts Friedrichstraße, Ekhofplatz, Arnoldiplatz, dann links in Gartenstraße, am Berta-von-Suttner-Platz leicht rechts in Eisenacher Straße | Tipp Hinter der Mauer wurden und werden mehrere alte Grabsteine Gothaer Persönlichkeiten wiedererrichtet.

76_Der Pflasterpalast

Rot-blaue Wundversorgung

Hier ist alles rot-blau, schon bei der Anfahrt durch die Hans-C.-Wirz-Straße, als würde man von einem Begrüßungsbataillon mit militärischen Ehren empfangen. Aber »Gothaplast« ist ein durch und durch friedliches Unternehmen. Die Gründung erfolgte in Kriegszeiten, ursächlich auf Druck von oben. 1944 fürchtete man in Bonn alliierte Luftangriffe, und das zuständige Reichsministerium zwang den Bonner Pharmaunternehmer Carl Blank, ein Zweigwerk in Mitteldeutschland zu errichten. Diese Aufgabe übernahm Blanks Schwiegersohn, der junge Schweizer Manager Hans C. Wirz, nach dem seit 2002 die Straße hin zum Pflasterpalast heißt.

Ab und an werden im Internet Originalrechnungen für »Germaniaplast« und »Traumaplast« oder Werbebriefe der »Verbandpflasterfabrik Carl Blank Bonn a. Rhein« angeboten, auch gezeichnete Werbeanzeigen für 5 Meter weißes Kautschukpflaster von der Rolle oder für das farbig gedruckte Heft »Der Traumpalast«, Werbung für die Marke »Traumaplast«. So etwas interessiert Museen und Heimatvereine. Forscher werden im Bundesarchiv fündig. Dort fand man auch den Nachweis, dass Blank schon Anfang der 1920er Jahre seine Firma sozialverträglich führte, in Sorge um die Belegschaft auch über die Betriebszugehörigkeit hinaus. Darum wurde die »Carl-Blank-Altersversorgungsstiftung« gegründet, eine VVaG – ein Versicherungsverein auf Gegenseitigkeit. Nicht anders führte Hans C. Wirz die Gothaer Fabrik. Das dürfte auch der Grund dafür gewesen sein, dass Wirz nach Kriegsende nicht schadlos enteignet wurde, sondern Abfindungen erhielt. Mit »seiner« Belegschaft blieb er bis zu seinem Tod 1999 verbunden. Aus »Germaniaplast« wurde »Gothaplast« und die Firma die größte Pflasterfabrik des Ostblocks.

»Wenn du eine Wunde hast, greife schnell zu Gothaplast.« Gereimt merkt man sich das doch gleich viel besser. Und dann noch alles in Rot-Blau.

Adresse Hans-C.-Wirz-Straße 2, 99867 Gotha-Siebleben | **Anfahrt** A 4, Abfahrt Gotha, Ohrdrufer Straße, große Kreuzung rechts (B 7) Stielerstraße, weiter Salzgitterstraße, links Gleichenstraße, rechts Weimarer Straße, links Hans-C.-Wirz-Straße | **Tipp** Am Firmeneingang kann man durch die Allee bis zum Obelisken gucken.

77 Die Psalmkartuschen

Wünsche und Versprechen

Kartuschen? Das Wort kennt man. Kartuschen stecken in Kopierern und Druckern, in Kalt-Warm-Wasser-Mischbatterien, in Wasserfiltern oder in Kartuschenpistolen. Auch ganz unfriedliche Pistolen werden mit Kartuschen geladen, worin die Treibladung für die Projektile steckt. Sind es Psalmkartuschen, wenn die Waffen gesegnet werden? Nein, die Gothaer Kartuschen sind weit gottgefälliger (5. Gebot). Man findet die ornamental umrandeten Sprüche an vielen Häusern in der Innenstadt, vor allem rundherum am Hauptmarkt, in der Marktstraße und am Schlossberg. Geradezu flehentlich wendeten sich die Hausbewohner an die himmlische Macht, um vor vielfältigem Elend verschont zu werden: vor Kriegen, Krankheiten, Feuerkatastrophen. Und wenn nicht hier auf Erden, dann gern im Jenseits, so heißt es auf der Hausmarke am Schlossberg 2: »Wir haben hie keine bleibende Statt, sondern die zukünftige suchen wir.«

Nicht ganz sauber gereimt ist einer der Sprüche am »Haus zur goldenen Schelle« und die Rechtschreibung ist schier zum Verzweifeln, aber der Inhalt ist klar: »Zyr gulden Schelln heist das Haus. Wanns Gott gefelt will ich heraus und wils lassen dem es Gott gönnt. Ich weis das ich was Bessres fint.«

Der Glaube vermischte sich mit kluger Vorsicht, denn der einflussreichste Herzog hieß Ernst und hatte nicht umsonst den Beinamen »der Fromme«. Um ein gutes Verhältnis auch zur staatlichen Obrigkeit zu haben, war es von Vorteil, sein Glaubensbekenntnis hör- und vor allem sichtbar zu machen. Genau wie es am »Haus zum Mohrenkopfe« steht: »O wie ist die Barmherzigkeit des Herrn so gross und lässt sich gnädig finden denen so sich zu ihm bekehren.«

Übrigens: Die ovalen Umrahmungen ägyptischer Hieroglyphen nennt man auch Kartuschen. Und wer sich gern alte Landkarten ansieht, stößt andauernd auf kunstvoll umkringelte geografische Überschriften. Kartuschen eben.

Adresse Kartuschen findet man unter anderem Am Hauptmarkt 4, 6, 8, 9, 11, 15, 26, 33, 35, 40, in der Markt- und der Querstraße sowie am Brühl, 99867 Gotha | Anfahrt A 4, Abfahrt Gotha, B 247 Ohrdrufer Straße, geradeaus Enckestraße, Mühlgrabenweg, links Gartenstraße, Parkplatz suchen; zu Fuß Lutherstraße, dann links Marktstraße | Tipp Der Baumeister Ernst des Frommen für Schloss Friedenstein war Caspar Vogel, der sich Vogell schrieb. Er wohnte in der Michaelisstraße / Ecke Pergamentergasse in Erfurt; Gedenktafel am Haus.

78 Der Rathausturm

Über den Dächern der Stadt

Das Rathaus mit dem Turm ist erst seit 1966 ein rotes Rathaus, also außen, die Fassade. Vorher war es viele Jahrzehnte unverputzt. Der Turm, so wird erzählt, sei ein Ausdruck bürgerlichen Stolzes, die sinnbildliche Möglichkeit, dem adeligen Staatschef oben im Friedenstein auf Augenhöhe zu begegnen. Im roten Rathaus, das ja das alte ist (das neue mit den vielen Büros steht am Ekhofplatz), hat der Oberbürgermeister oben sein Büro, in unmittelbarer Nähe des goldenen Drohkopfes draußen an der Wand. Das grotesk verzerrte Goldgesicht mit dem klappenden Unterkiefer soll an den Grumbach-Ritter erinnern, der Gotha einst in eine tiefe Krise gebracht hat und dafür gevierteilt wurde – genauso wie der Kanzler Brück. Das Volk applaudierte. Die Karriere von Politikern, selbst von heftig gescheiterten Figuren, wird heutzutage mit Ruhestand und Weiterzahlung von Bezügen beendet, obwohl Vierteilung doch viel kostengünstiger … Nein, wir sind ja mittlerweile ein zivilisiertes Volk.

Seit 1997 dürfen Gothaerinnen, Gothaer und Gäste auf die Aussichtsplattform des Turmes, um den Fürstenblick zu prüfen. Bis zur Spitze misst das Vertikalbauwerk 35 Meter, auf Höhe 23 stehen die Gucker und schauen erfreut, was sich den Augen bietet. Schaut man nach unten, sieht man an allen Tagen, an denen es nicht frisch geschneit hat oder gerade Markt ist, das Stadtwappen, mosaikartig zusammengesetzt aus farbigen Steinen, dass es eine Augenweide ist. Der heilige Gotthardus grüßt von unten blauumwunden. Schaut man in die Weite, fällt der Blick auf die Häuser rundherum am Hauptmarkt, die Wasserkunst mit den kleinen Tugendfiguren auf der Balustrade, die mit den Steintugenden auf dem Rathausturm Blickachsen ins Moralische bauen, das Schloss, der Turm der Margarethenkirche und das Grün der Umgebung. Die Uhr schlägt, aber bei schönem Wetter oben auf der Plattform, da ist die Zeit egal.

Adresse Hauptmarkt 1, 99867 Gotha | Anfahrt A 4, Abfahrt Gotha, B 247 Ohrdrufer Straße, geradeaus Enckestraße, Mühlgrabenweg, links Gartenstraße, Parkplatz suchen; zu Fuß Lutherstraße, Marktstraße, Hauptmarkt | Tipp Rosita vom Hagen (Atelier Kulturfabrik Langewiesen) schuf die Bischof-Gotthard-Figur für den Brunnen am Hauptmarkt

79 Das Restaurant Weinschänke

Tradition mit Zukunft?

Während Briefmarkensammler langsam aussterben und Frauen nicht mehr fürchten müssen, zum Ansehen der Postwertzeichensammlung eingeladen zu werden, boomt der Handel mit alten Postkarten. Die Nachfrage nach seltenen Stücken ist so hoch, dass auch die Preise hochgetrieben werden. Für eine Mitte der 1930er Jahre gelaufene Postkarte mit zwei Fotos der Weinschänke, die Karte beschriftet, mit Marke und Stempel, da zahlt man schon mal knapp 30 Euro. Und eine von 1912 kostet noch etwas mehr. Auf beiden Karten sieht man Innenansichten des Restaurants, genau die kann man heute fotografieren. Denn die Innenräume der Weinschenke sind im Original erhalten geblieben und stehen deswegen unter Denkmalschutz.

Auf der Postkarte von 1912 prangt groß über dem Foto »GRUSS aus BÖHMs WEINSCHÄNKE«. Das kleine Genitiv-s hat der Grafiker wie ein Apostroph oben an das große M gehängt. Der ursprüngliche Name geht auf Otto Böhm zurück, den Gründer des gleichnamigen Ladens mit dem Schiff (siehe Ort 47). Der Mann hatte in Geschäftsdingen lange ein glückliches Händchen, und als er 1895 eine Seelenverwandte, die Kaufmannstochter Minna Schröpfer, heiratete, da ließ er sich vom einheimischen Stararchitekten Julius Krusewitz das Haus Gartenstraße 28 so umbauen, dass neben Raum zum Wohnen und zeitweilig für die »Zentralstelle für das Passagierwesen im Luftverkehr« (Zwei-Stunden-Flug mit dem Zeppelin über Thüringen kostete 200 Mark) auch Platz für eine Weinschänke war. Die wurde kurz nach der Jahrtausendwende eröffnet und lief ebenfalls sehr gut. Nachfolgende Betreiber (nur mit fünf Jahren Unterbrechung in der Wendezeit) setzten den Erfolg fort. Das jetzige Gastwirtpaar hofft, in nicht allzu weiter Zukunft Nachfolger zu finden: einen Jungunternehmer mit Sinn fürs Nostalgische, am besten einen guten Koch mit einer Seelenverwandten.

Adresse Restaurant Weinschänke, Gartenstraße 28, 99867 Gotha | **ÖPNV** Straßenbahn 1, 3, 4, Haltestelle Gartenstraße | **Anfahrt** A 4, Abfahrt Gotha, B 247 Ohrdrufer Straße, geradeaus Enckestraße, Mühlgrabenweg, links Gartenstraße, Parkplatz suchen | **Öffnungszeiten** Mi–Sa 11.30–14.30 und ab 18 Uhr, So 11.30–14.30 Uhr | **Tipp** Nachdem die Franken 531 das Thüringer Königreich zerstört hatten, brachten sie unter anderem den Weinanbau her. Ob der Herr von Boilstädt (Fränkischer Fürst, Museum Ur- und Frühgeschichte Weimar) um das Jahr 600 herum schon Thüringer Wein trank, weiß man nicht.

80 Ringelnatz' Spuren

Kuttel alias Pepper in Gotha

Der Dichter und Kabarettist Joachim Ringelnatz hat ein Theaterstück geschrieben: »Die Flasche – eine Seemannsballade«. Im Januar 1932 Uraufführung in Leipzig. Eine Truppe Nordhäuser Schauspieler überzeugte Ringelnatz, auf einer Sommertournee desselben Jahres die Hauptrolle des Matrosen Pepper selbst zu spielen. Er willigte ein. Ringelnatz freuten die Lust und der Eifer der durchweg jüngeren Kollegen. Man gab sich hochfliegenden pekuniären Hoffnungen hin, die aber bitter enttäuscht wurden. Mit dem großen Requisitenkorb reiste die Truppe per Bahn nach Hannover, Kassel, Liebenstein, Salzungen, Eisenach (wo der aufsichtführende Feuerwehrbeamte über die Länge des Stückes sagte: »Na, Ginder, beeild euch mal ä bißchen. Sowas sinn mer hier nich gewehnt.«), nach Darmstadt und Pforzheim, auch nach Basel, Zürich, München, Prag und Gotha.

In Ringelnatzens Erinnerungen liest sich das so: »In Gotha fühlten wir uns im Hotel Alt sehr bald wohl. Durch den Garten zog am Nachmittag ein unwiderstehliches Düftchen nach Rostbratwürsten. Eine vornehme Straße mit üppig blühenden Vorgärten führte nach dem Theater. Thüringer Klöße erfüllten uns schwer.« Eine Schauspielerin »spähte nach dem berühmten Ersten Krematorium aus, nicht aus Lebensüberdruß, sondern in ihrem nie gelöschten Durst nach abgestempelten Sehenswürdigkeiten. Ich sah mich nach einem Weinstübchen um, weil ich an M. schreiben und etwas dichten wollte.«

An M.? An Muschelkalk, wie der Dichter-Schelm seine Ehefrau Leonharda nannte. Gespielt wurde im Landestheater, das mal Hoftheater hieß. Ein ansprechender Schinkel-Theaterbau mit drei Rängen. Nichts war dort vorbereitet. Der Intendant Stickrodt interessierte sich nicht für die Gastspielkollegen. Die Truppe schluckte ihren Ärger herunter und spielte. Ringelnatz verdiente an dem Abend elf Mark. Das Theater brannte kurz vor Kriegsende aus. Es existiert nur noch als Modell.

Adresse Modell des Schinkel-Theaters (und noch viel, viel mehr Interessantes) im Technik- und Geschichtsmuseum (FöBi), Südstraße 15, 99867 Gotha | ÖPNV Stadtbus B, Haltestelle Südstraße (Hauptbahnhof) | Anfahrt A 4, Abfahrt Gotha, B 247 Ohrdrufer Straße, links in die Südstraße | Öffnungszeiten Mo 10–15 Uhr (vorher anmelden: Tel. 0176-50939811) oder nach Vereinbarung | Tipp Abkühlung im Sommer: im Südbad, Riedweg.

81 Rohrbachs Sternwarte

Der private Sternenhimmel

Carl wurde hier geboren. Damals war das noch Galbergweg Nummer 6, und der Turm war noch nicht da. Wie der Vater, so der Sohn: Lehrer. Aber Carl Rohrbach war kein trockener, kalter Pauker, sondern ein Kindern zugewandter Pädagoge und einer, der sich nach Abschluss des Studiums an der Leipziger Universität nicht als fertig betrachtete. Sein Interesse galt allem, was heute unter MINT-Fächer zusammengefasst wird, damals noch ohne »I«. Besonders gern beobachtete er den Nachthimmel. Als die herzogliche Sternwarte in der Jägerstraße ohne angestellten Sterngucker war, übernahm er diese zusätzliche Arbeit mit Freude.

Als ein neuer Berufsastronom gefunden wurde, wollte Rohrbach die Himmelsbeobachtungen nicht lassen und ließ sich 1904/05 privat ein sechsgeschossiges Haus mit siebengeschossigem Treppenturm und Observatorium bauen (Volksmund: Odolflasche). Das war nicht ohne Risiko machbar, aber Rohrbach und Maurermeister Noth glaubten an technischen und technologischen Fortschritt, sie wollten etwas ganz Neues probieren. So entstand eines der ersten Eisenbetonhäuser im heutigen Thüringen. Erst 1902 war das Lehrbuch »Der Betoneisenbau, seine Anwendung und Theorie« erschienen. Ein Jahr später wurde der erste deutsche »Eisenbetonausschuss« gebildet, um ein Bauregelwerk zu schaffen. 1904 baute Noth in Gotha das für damalige Verhältnisse erstaunlich hohe Betonhaus.

Der Bauherr Rohrbach dachte sich die drehbare Kuppel mit der Metalljalousie aus, eine Innovation, die zum Beispiel die Jenaer Zeiss-Leute mit Neid betrachteten. Rohrbach verschenkte später seine Erfindung an die Zeiss-Stiftung. Als er 1932 starb, wollte keines der Kinder die Sternguckernachfolge antreten. Die Instrumente und die 60.000 Fachbücher wurden verkauft.

1999 bezahlte die Deutsche Stiftung Denkmalschutz einen Großteil der Instandsetzung. Heute ist der Turm privat und nur noch von außen zu besichtigen.

Adresse Galbergweg 12, 99867 Gotha | ÖPNV Stadtbus C, Haltestelle Eisenacher Straße, dann rechts Sonneborner Straße, Galbergsweg | Anfahrt A 4, Abfahrt Gotha, B 247 Ohrdrufer Straße, geradeaus Enckestraße, Steinmühlenallee, Justus-Perthes-Straße, rechts Friedrichstraße, Ekhofplatz, Arnoldiplatz, dann links in Gartenstraße, am Bertha-von-Suttner-Platz leicht rechts in Eisenacher Straße, rechts Sonneborner Straße, links halten weiter auf Galbergweg | Tipp Wer ein bisschen um die Sternwarte spazieren geht, den wird das bunte Fachwerkhaus unterhalb der »Odolflasche« erfreuen. Dort wohnte Rohrbachs Schwester.

82 Rohwedders Geburtshaus

Der Nachhall eines Schusses

Im Oktober 1932 erscholl Babygeschrei im Haus. Detlev war geboren. Wenn man sich die Vornamensstatistiken anschaut, stellt man fest, dass der oft zu Spott verleitende Name Detlev oder Detlef von den 1930er bis in die 60er Jahre zu den beliebtesten deutschen Vornamen für Jungs gehörte. Namensforscher erklären, Detlev sei eine althochdeutsche Zusammenstellung aus Volk und Erbe. Wer schicksalsgläubig und Verschwörungsmystiker ist, sieht in den zwei Wörtern bestimmt schon das Spätere.

Am 1. April 1991 wurde Detlev Rohwedder in Düsseldorf erschossen. Was manche zunächst für einen makabren Aprilscherz hielten, für eine kleine Rache wegen der Verscherbelung des ostdeutschen Volkseigentums, wurde zu einem großen Politkrimi. Und weil bis heute nicht zweifelsfrei aufgeklärt ist, wer den Treuhandchef tötete, bleibt viel Platz für Mutmaßungen.

Immer wieder erstaunlich ist, dass Leute in die SPD aufgenommen werden, die eher in die FDP passen. Rohwedder war so einer, wurde Staatssekretär im Bundeswirtschaftsministerium. Er konnte taumelnde Großunternehmen sanieren (Hoesch), was ihn für den Chefposten bei Treuhand prädestinierte. Über das Erbe, das er veräußern sollte, die DDR-Wirtschaft, sagte er: »Der ganze Salat ist 600 Milliarden wert.« Er meinte D-Mark. Seine Nachfolgerin Birgit Breuel schaffte es, die Arbeit der Untreuhand-Anstalt 1994 mit einem dicken Minus von 256 Milliarden Mark zu beenden. Der eine Schuss hat den Steuerzahler sehr viel Geld gekostet und vielen Unternehmen satte Gewinne beschert. Natürlich waren die meisten DDR-Betriebe technisch veraltet, aber (wie eine Wirtschaftszeitung 2011 noch einmal entsetzt zusammenfasste), die Firmen seien aus politischen Gründen personell überbesetzt gewesen, neben Kindergärten und Bibliotheken hätten einige Betriebe sogar eigene Krankenstationen und Ferienheime besessen. Was für ein Graus!?

Adresse Bahnhofstraße 5, 99867 Gotha | **ÖPNV** ab Bahnhof Gotha zu Fuß wenige Meter | **Anfahrt** A 4, Abfahrt Gotha, B 247 Ohrdrufer Straße, große Kreuzung links Stielerstraße, rechts Mozartstraße, scharf links Bahnhofstraße, parken vor Versicherungsmuseum, dann nur wenige Schritte Richtung Bahnhof | **Tipp** Die Stadt hat das Bahnhofsgebäude übernommen, was dem sicher gut bekommen wird. Immer mal nachgucken!

83 Die Rot

... heißt auch die Roth

Wenn Wasser rückwärts und bergauf laufen würde, dann wäre die Rot sehr salzhaltig, denn über die Flüsse Apfelstädt, Gera, dann Unstrut, Saale, Elbe hat dieses kleine Bächlein namens Rot eine Verbindung zur Nordsee. Hier entspringt sie, also die Rot, immerhin 284 Meter über dem Meeresspiegel, den das Wasser, das aus der Quelle in der Kleingartenanlage hinter dem Schloss Mönchhof gluckert, nur sehr unwesentlich erhöht. Obwohl: Was in normalen Zeiten ein Wasserläufchen ist, kann gefährlich werden, wenn es anschwillt. In Gotha-Siebleben heißt die gewässernahe Adresse übrigens »An der Rot« und rund zehn Kilometer entfernt in Wandersleben »An der Roth«. Die Menschen sind orthografisch tolerant.

Die Gewässerbeamten achten weniger auf Toleranz, mehr auf Ordnung. Sie haben den Bach entsprechend der Wasserrahmenrichtlinie als Typ VI eingeordnet, was bedeutet, die Rot ist ein feinmaterialreicher, karbonatischer Mittelgebirgsbach (?), wobei der Bachlauf teilweise künstlich verändert worden sei. Ja, um landwirtschaftlich nutzbares Gelände zu schaffen, musste das Siebleber Ried entwässert werden. Aber selbst die schönsten Entwässerungsgräben (mit so selten wunderhübschen Namen wie Schluftergraben, Seltengraben und Heulachsgraben) sind unnütz, wenn das Wasser nicht abfließt. Die Gemeinden Tüttleben und Cobstädt mussten 1697 per herzoglicher Anordnung und unter Strafandrohung – zehn Reichstaler bei Renitenz – gezwungen werden, ihre Gräben zu öffnen, damit zum Entwässerungszwecke Wasser fließe. Warum sie sich erst weigerten, kann man noch heute an einem Straßennamen in Cobstädt ablesen: Im Nassländchen. Das liegt direkt an der Rot.

Woher hat der Bach eigentlich seinen Namen? Man munkelt, dass irgendwann im 3. Jahrhundert Römer und Germanen in einer Schlacht heftig aufeinander eingeschlagen haben. Blutrot habe sich das Wasser gefärbt.

Adresse Quelle An der Rot/Holzweg, 99867 Gotha-Siebleben | **Anfahrt** A 4, Abfahrt Gotha, B 247 Ohrdrufer Straße, an großer Kreuzung rechts Stielerstraße, Salzgitterstraße, rechts Holzweg | **Tipp** Thüringen ist Wanderland. Es führen viele Wege hinaus aus Gotha ins Grüne. Auf eine Drei-Gleichen-Wanderung (Burgen südöstlich von Gotha) sollte man sich aber gut vorbereiten. Ausgangspunkte gut erreichbar mit Auto und Bahn.

84 Rüsselkäfers Namensgeber

Das große Krabbeln

Beim Anblick von allem, was krabbelt, kribbelt es vielen in den Fingern, die Fliegenklatsche herauszuholen und kräftig auf Käfer, Spinne und anderes Insektengetier draufzuhauen. August Kellner war da ganz anders. 1794 kam er in Weberstedt bei Bad Langensalza auf die Welt, hineingeboren in eine Revierförsterfamilie. Am Ende seines Lebens, er starb 1883 in Gotha, hatte er sich selbst mit eiserner Disziplin vom Autodidakten zum berühmtesten Entomologen Thüringens – wie soll man sagen – hoch-gebildet. Er gilt heute als der Nestor der Insektenforschung, war in viele entomologische und biologische Gesellschaften als Mitglied berufen und vom Gothaer Herzog mit Orden behängt worden. Und alles nur wegen seiner Neugier auf das, was da im Wald herumkreucht, kaum zu sehen ist, aber großen Einfluss auf die Natur und die Forstwirtschaft hat.

Kellner durchlief die Försterausbildung und arbeitete in mehreren Thüringer Revieren als Förster. Wenn, wie es in älteren Aufzeichnungen heißt, sich in irgendeinem gothaischen Reviere eine »Insectencalamität« ankündigte, wurde der Staatszoologe August Kellner gerufen. Nach 50 Jahren in den herzoglichen Forsten erhielt er den Titel »Forstrat« und ging kurz darauf in Pension. Er zog nach Gotha und widmete die 20 Jahre bis zu seinem Tod ausschließlich der Insektenforschung. Er veröffentlichte ein »Verzeichniß der Käfer Thüringens, mit Angabe der nützlichen und der für Forst-, Land- und Gartenwirthschaft schädlichen Arten«. Das Verzeichnis war so umfassend, dass es großes Staunen auslöste.

Kellner hat über all die Jahre Insekten gefangen und, wie das damals üblich war, aufgespießt und in Schaukästen präsentiert. Dabei entdeckte er viele bis dahin unbeschriebene Arten. Seine Insektenkollektion war beim Ankauf der 68 Kästen durch das Herzogliche Museum immerhin 2.500 Taler wert. Eine Rüsselkäferart heißt *Bradybatus Kellneri*.

Adresse Gedenktafel an Kellners ehemaligem Wohnhaus, Puschkinallee 4, 99867 Gotha | Anfahrt A 4, Abfahrt Gotha, B 247 Ohrdrufer Straße, an der großen Kreuzung links Stielerstraße, rechts Mozartstraße, links Parkallee, Schlossplatz, Puschkinallee | Tipp Gleich um die Ecke in der Lindenauallee, heute ein Teil des Hotels am Schlosspark, befindet sich das Wohnhaus der letzten deutschen Kaiserin Auguste Victoria, die sich in Gotha mit Wilhelm II. verlobte.

85 Im Schaufenster der Moderne

Der weibliche Faktor

Der Ausstellungsraum »Schaufenster der Moderne« im Westflügel von Schloss Friedenstein ist nicht groß, enthält aber einige Exponate von Weltgeltung. Es sind die Arbeiten von Hannah Höch und die von Marianne Brandt (1893–1983). Während Höch durch den Zufall der Geburt mit Gotha verbunden ist, hat Brandt hier in einer Anstellung bei den Ruppel-Werken Gebrauchsgegenstände designt, die zum Kanon des Bauhauses gehören.

Vor dem Ersten Weltkrieg hatte Brandt in Weimar Kunst studiert, unter anderem bei Fritz Mackensen, einem Mitbegründer der Künstlerkolonie Worpswede. Als sie 1923 durch die Bauhaus-Ausstellung in Weimar ging, beschloss sie, alle ihre Bilder zu verbrennen und neu anzufangen. Sie studierte bei Klee, Kandinsky und Moholy-Nagy. Schon 1924 gelang ihr der Entwurf eines Klassikers des modernen Designs: das Tee-Extraktkännchen MT49. Wer jemals eine nicht tropfende Tee- oder Kaffeekanne suchte, wird sich tief vor Marianne Brandt verbeugen, die sagte: »Wir wollten zwar zurück zu einfachen Formen, aber das Wichtigste war: Keine Kanne ist aus unserer Werkstatt gegangen, die nicht tropffrei goss.« Solche Kannen erreichen bei Versteigerungen Preise um 360.000 US-Dollar.

Die dominanten Alphamänner der Bauhaus-Schulen in Weimar und Dessau ließen nur zwei Frauen in leitende Positionen. Eine war Marianne Brandt, die, wenn auch nur für einige Monate, Leiterin der Metallwerkstatt war. 1929 verließ sie den schützenden Kokon der Schule und ging in die freie Wirtschaft, um Haushaltsgegenstände für den Massenbedarf zu entwerfen. Sie bezog eine Wohnung in Gotha (18.-März-Straße 34a). Als Leiterin der Entwurfsabteilung in den Ruppelwerken befreite sie große Teile der Produktpalette von Schnörkeln. Doch die Deutschen wollten Schnörkel. Der Umsatz sank. Und Brandt wurde entlassen.

Adresse Schloss Friedenstein, Schlossplatz 1, 99867 Gotha | Anfahrt A 4, Abfahrt Gotha, B 247 Ohrdrufer Straße, Kreuzung links Stielerstraße, rechts Mozartstraße, links Parkallee, Schlossplatz, rechts hoch auf den Parkplatz am Schloss | Öffnungszeiten Di–So 10–17 Uhr | Tipp Marianne Brandts Grab befindet sich auf dem St.-Nikolai-Friedhof in Chemnitz. Die Grabstele gestaltete Clauss Dietel, der bekannteste DDR-Designer, der auch (2014) den Designpreis der BRD erhielt.

86 Schillers Kopf

Onkel Gustavs Villa

War Friedrich Schiller in Gotha? Nein. Schiller war den Gothaer Intellektuellen in wärmster Abneigung verbunden, einige der Xenien, der Spottverse, die Schiller und Goethe nachts in bester Weinlaune verfassten, sind gemeine Angriffe gegen die Gothaer Dichterchen und Denkerlein.

Und der Schillerkopf am Haus Schillerstraße Nummer 1? Angebracht hat ihn höchstwahrscheinlich der Modelleur Franz Eichler. Der hatte das Haus (damals noch ein Stockwerk kürzer) von einer Clementine von Wangenheim gekauft, der Schwester Eduard von Wangenheims, der viele Jahrzehnte lang auf den deutschen Bühnen unter dem Namen Eduard von Winterstein brillierte. Er fand einst in dem – wie er in seinen Erinnerungen schrieb – »kleinen Häuschen« in Gotha mit der verwitweten Mutter und drei Brüdern Unterschlupf. Asylgewährer war der stocktaube Onkel Gustav, vor dem die ziemlich unerzogenen Rüpel großen Respekt hatten. Außerhalb des Hauses: Wehe, wenn sie losgelassen! Schule war den Brüdern egal, weswegen sie mehrfach sitzenblieben. Später fingen sie sich, und jeder ergriff seinen Wunschberuf. Eduard ging zur Bühne, spielte auch Schiller, ab 1898 war er einer der Protagonisten des Deutschen Theaters Berlin.

»Ich habe viel Wandlungen erlebt«, schrieb er in seinen Memoiren, »unter drei Kaisern, dem Ersten Weltkrieg, der Pseudodemokratie des Zweiten Reiches, der Weimarer Republik, den fürchterlichen zwölf Jahren des Nationalsozialismus und den durch ihn hervorgerufenen völligen Zusammenbruch des Deutschen Reiches …« Nach dem zweiten großen Krieg entschied er sich für die Alternative. Man kann Eduard von Winterstein sehen. Man schaue sich noch einmal »Der blaue Engel« an und »Der Untertan«. Und vielleicht seinen letzten Film, den DEFA-Science-Fiction »Der schweigende Stern«. Da spielt er einen Kernphysiker, der Raumfahrer verabschiedet und mahnt, andere Planeten nur friedlich zu betreten.

Adresse Schillerstraße 1, 99867 Gotha | ÖPNV Straßenbahn 1, 3, 4, Haltestelle Gartenstraße, dann An der Synagoge, Lenau-Straße, Wilhelm-Bock-Straße, rechts Hohe Straße, links Schillerstraße | Anfahrt A 4, Abfahrt Gotha, B 247 Ohrdrufer Straße, geradeaus Enckestraße, Mühlgrabenweg, links Gartenstraße, rechts Remstädter Straße, links Hohe Straße, rechts Schillerstraße | Tipp In der »Bretterbude«, Schillerstraße 37, kann man lernen oder zugucken, wie man sich auf einem Rollbrett bewegt.

87 Schloss Friedrichsthal

Ein Lustschloss mit Stellwerk

Es ist nicht so, dass eine Eisenbahn durch das Schloss fährt, aber es ist schon richtig, dass drinnen eine Eisenbahn herumfährt – aber nur, wenn die Verkehrstechnik-Studentinnen oder -Studenten an den Stellwerken die richtigen Knöpfe und Tasten drücken oder den richtigen Hebel umlegen. Wenn alles seine Ordnung hat, macht es Spaß. Arbeitslust sollte ja auch Laune machen.

Eigentlich war das Schloss einmal für ganz andere Lüste gebaut worden. Es ging nicht ausschließlich um das innige Beieinandersein von Geschlechtspartnern. Lustschloss bezog auch die Lust auf einen dem Zeitgeschmack entsprechend schön gestalteten Garten ein, die Lust, darin zu wandeln und sich vielleicht dabei der Lust am Gespräch hinzugeben. Selbst die kleinsten Kleinfürsten guckten auf die großen Adelsprotze, was die gewisse Ähnlichkeit des Schlosses Friedrichsthal mit dem französischen Versailles erklärt.

In den 1860er und 70er Jahren beherbergte das Schloss ein Skandalpaar: Ein Prinz kam mit seiner Ehefrau hier unter, die im Stand weit unter ihm stand. Pfui Teufel, eine Bürgerliche! Aber die Ärgernis-Ehefrau wusste dem Oberhaupt Herzog Ernst II. zu gefallen, denn sie war eine hochtalentierte Pianistin, Kompositeuse und Schauspielerin. Also erhob Ernst sie zur Freifrau von Ruttenstein, die er gern als Ebenbürtige bei privaten Theateraufführungen im Ekhof-Theater oder im Coburger Hoftheater neben sich auf der Bühne wusste.

1958 zogen die Dozenten und Studenten (damals noch ungegendert) der Ingenieurschule für Transportbetriebstechnik ins Schloss. Innen wurde viel umgebaut, leider nicht denkmalgerecht. Seit Mitte der 1960er Jahre kann man hier an echten Stellwerken üben, was ein Fahrdienstleiter alles so tun muss, um einen reibungslosen Zugverkehr zu ermöglichen. Auf der H0-Modellbahnanlage sieht man die Folgen von Fehlern.

Adresse Friedrichstraße 5–7, 99867 Gotha | **ÖPNV** Straßenbahn 1, 2, 4, Haltestelle Orangerie | **Anfahrt** A 4, Abfahrt Gotha, B 247 Ohrdrufer Straße, geradeaus Enckestraße, Steinmühlenallee, Justus-Perthes-Straße, rechts Friedrichstraße | **Öffnungszeiten** Alljährlich findet ein »Tag der offenen Tür« statt, an dem man das Schloss innen besichtigen kann. Außen ist es viel schöner. | **Tipp** Das Perthes-Forum in der Justus-Perthes-Straße steckt voller Schätze, die selten, aber zukünftig vielleicht öfter zu sehen sein werden.

88 Schloss Mönchhof

Durch die Jahrhunderte

1729 wurde Schloss Mönchhof im Barockstil errichtet. Bauherr war ein »Hoch Fürstlicher Sachsen Gothaischer Geheimbter Rath Herr Adolph Christian Avemann von Letta auf Mönchofen«, wie auf einem etwas aufgeplusterten Wappenbild zu lesen ist. Sein Vater war Kanzler unter Ernst dem Frommen. Der Sohn brachte es in den Diensten zweier Gothaer Herzöge zum Geheim- und Kriegsrat. Alles Misstrauen in seinen Adelsstand verschwand, als Kaiser Karl VI. 1736 die Adels-Erneuerung verfügte.

1799 gab Herzog Ernst II. 40.000 Goldmark für ein Hochzeitsgeschenk aus: Er kaufte Schloss Mönchhof als Sommerresidenz für seinen Sohn August. Damit die hohen Herrschaften schön lustwandeln konnten, wurde der Landschaftsgarten angelegt. Im Winter hielten sich hier manchmal herzogliche Jagdgesellschaften auf. 1860 zog als Gast der bedeutende Landschaftsmaler Louis Gurlitt ein. Herzog Ernst II. hatte ihn nach Thüringen gerufen. Die Ehefrau und die sieben Kinder brachten Leben ins Schloss. Ein Teil wurde als Atelier eingerichtet. Die Gurlitts blieben fast 15 Jahre.

1918 ging das Schloss durch Enteignung in Staatseigentum über. Anfang der 20er Jahre wohnte hier für einige Monate der Wanderlehrer und KPD-Reichstagsabgeordnete Hermann Duncker mit seiner Gattin Käte, ab 1921 Landtagsabgeordnete in Thüringen, eine kommunistische Frauenrechtlerin. 1937 ein bisschen Hin und Her, aber ein früherer Herzog schenkte dann das Schloss Mönchhof an die Stadt. Die allerdings ließ es verfallen. Private Neueigentümer sanierten zum Jahrtausendwechsel das Gebäude, es entstanden Wohnungen und zwei große Ferienappartements.

Spaziergänger jederlei Geschlechts sind immer willkommen. Der Park ist öffentlich. Vandalen, Rowdys und andere Zerstörungswütige müssen draußen bleiben. Die freundlichen Eigentümer bitten um das Respektieren ihrer Privatsphäre und um das, was zum erholsamen Flanieren dazugehört: Ruhe.

Adresse Salzgitterstraße 90, 99867 Gotha-Siebleben | **Anfahrt** A 4, Abfahrt Gotha, B 247 Ohrdrufer Straße, an der großen Kreuzung rechts Stielerstraße, Salzgitterstraße | **Öffnungszeiten** Park: tagsüber, meistens sind die Türen oder das Tor geöffnet | **Tipp** Rund um den Anfang des 18. Jahrhunderts künstlich angelegten Siebleber Teich ist noch mehr Platz für Spaziergänge.

89 Der Schützenberg

Vom treffsicheren Humor

Im »Hotel zum Schützenberg« wurden viele Gothaer geboren, denn das Hotelgebäude wurde zeitweilig als Schule, als Behelfskrankenhaus und als Geburtsklinik genutzt. Würde man unterm Hotel archäologisch graben, fände man wohl schnell die Grundmauern des alten Gasthofs »Zum Schützen«. (Mitte des 19. Jahrhunderts lautete die Adresse »Vorm Brühler Thor 521a«.) Der Name geht auf die Armbrustschützen zurück, die schon im 16. Jahrhundert hier einen Übungsplatz hatten.

1792 wurde im Schützen-Gasthof Johann Friedrich Joel geboren. Der lernte von klein auf das Gastwirtschaftswesen. Sein Vater wird ihm das mit allem Ernst eingebläut haben. Aber Johann Friedrich merkte, dass sich mit Humor der Umsatz beträchtlich steigern ließ. So wurde er ein legendärer Rennsteig-Wirt, bekannter Humorist und einer der besten Gäste seiner Schenke. Er erzählte gern und gut Geschichten und Anekdoten. Auch über ihn selbst waren einige im Umlauf. Unter anderem die Anekdote, dass ein junger Jurist von der Gothaer Behörde zur »Schmücke« geschickt wurde, um die Pacht zu erhöhen. Der junge Mann spendierte reichlich Wein, um den Wirt auszuhorchen, wie die Geschäfte so laufen. Freiwillig griff der Wirt Joel zu Feder, Tinte und Papier und erklärte sich bereit, das Doppelte des bisherigen Pachtzinses zu zahlen. Der Jungjurist berappte froh die nicht unbeträchtliche Zeche und wurde zu Hause in Gotha ausgelacht, denn Joel zahlte gar keine Pacht. Eine Verdopplung von Nichts war leicht zu begleichen. Der Gothaer Fürst soll über den Streich so gelacht haben, dass er auch weiterhin auf die »Schmücke«-Pacht verzichtete.

Wer heute dort einkehrt, kann sich unter eine Zeichnung des Dicken mit dem lustigen Mützchen und der langen Tabakpfeife setzen und ihm zuprosten. Das Glas erheben könnte man freilich auch im Gothaer »Hotel Schützenberg«, allerdings mit »Prost!« Richtung Grundmauern.

Adresse Schützenberg, 99867 Gotha | ÖPNV Straßenbahn 1, 3, 4, Haltestelle Bertha-von-Suttner-Platz | Anfahrt A 4, Abfahrt Gotha, B 247 Ohrdrufer Straße, geradeaus Enckestraße, Mühlgrabenweg, links Gartenstraße, am Bertha-von-Suttner-Platz rechts bergan Schützenberg | Tipp Das Hotel »Schützenberg« bietet für Familienfeiern, Klassentreffen und Ähnliches einen Raum (maximal 30 Personen).

90 Der Seeberger Sandstein

Abbau von Schönheit

Man muss Geologe sein oder Fan von Gebirgigem und Steinigem, um tiefe Lustgefühle zu empfinden, wenn die Worte Härtlingskamm, Reliefumkehr, Muschelkalkhorst, Keuperletten und Rhätsandstein in Ohr und Hirn dringen. Da schlägt das Herz in den Seebergen bei Gotha schneller, denn all diese Wörter verbinden sich mit der angehobenen Landschaft südöstlich der Stadt. Die Gothaer Schüler werden fast alle wenigstens einmal von ihren Lehrern in die Seeberge geführt, um sich der großen geologischen Vielfalt, die größtenteils offen zutage liegt, zu widmen. Die Abenteuerlustigen, die sich vielleicht noch ein wenig gruseln wollen, stöbern im ehemaligen Militärgebiet, wo sich ein Raketenstützpunkt befand, Luftverteidigung der NVA. Die Bunkertür, die früher zur Kommunikationszentrale des Stützpunktes führte, ist noch da.

Interessiert noch jemanden, dass der Schauspieler Iffland am Seeberg unvergessliche Stunden verbrachte? »An einer Quelle, welche gleich links vornan im Walde entspringt, wurde gewöhnlich unser Mittagsmahl genommen. Das schöne, wohlhabende, milde regierte Land liegt in fruchtbarer Ebene hinab – der große Seeberg rechts – sowie die Schlösser der Gleichen – das freundliche Gotha links – der blaue Brocken schließlich die romantische Ferne.« Wer möchte, kann an der Ifflandquelle rasten und picknicken. Heute nennt man so etwas einen Glücksort.

Aber zurück zum Steinigen, denn ohne Seeberger Sandstein, den lebhaft warmen goldgelben bis weißen Rhät-Sandstein, würden einige nicht ganz unwichtige deutsche Gebäude nicht so gut aussehen: der Erfurter Dom und das so wunderschön wiedererstandene Collegium Maius, in Berlin das Auswärtige Amt und das Brandenburger Tor, das Oberbergamt in Halle, die Reyherschule in Gotha und die Wartburg. Geradezu undenkbar ohne Seeberger Sandstein, wobei der für die Wartburg wohl aus dem Creuzburger Steinbruch kam.

Adresse Steinbrüche vom Dorf Seebergen aus gesehen hinter dem Seeberg | Anfahrt Anfahrt A 4, Abfahrt Gotha, weiter auf B 247 Ohrdrufer Straße, dann rechts Florschützstr., Töpfleber Weg, am Zoo parken, auf Töpfleber Weg wandern, vorbei am Schießstand, zum Funkturm Seeberg, unweit die Steinbrüche | Tipp Die Bergbeule an der Hauptstraße in Seebergen, ein ehemaliger Steinbruch, gehört heute zum »Nationalen GEO-Park Inselsberg – Drei Gleichen«.

91 Der seltsame Spruch

Über Inschriften und Rauswürfe

Inschriften an Häusern gibt es in Gotha nicht wenige. Vor allem rund um den Hauptmarkt findet man eine große Zahl an religiös geprägten Sprüchen. Gottes Beistand wird erfleht, auf dass Haus, Hof und Einwohner geschützt sind. Seltener sind da schon weltliche Sprüche. Aber auch die sollen drohenden Mächten und Menschen Tür und Tor versperren, wie der: »Wer guter Meinung kommt herein, / Der soll mir stets willkommen sein; / Wer aber anders kommt herfür, / Den hab ich lieber vor der Tür.« Das klingt nicht nach der Freiheit, die immer die Freiheit der Andersdenkenden ist, sondern mehr nach der festen Burg, nach dem Heim, das ein Kastell, eine Festung ist. Wer nicht so denkt wie der Hausspruchvertreter, der mag bleiben, wo der Pfeffer wächst. Soll man sich schleimend unterordnen oder werden hier Diskussionen nur vor der Tür zugelassen? Manches Mal wünscht man sich schon, dass die Gäste ihre Streitthemen draußen lassen, damit Friede im Hause herrsche.

Wer deutschlandweit nach solchen Inschriften sucht, findet viele alte und auch immer wieder neue. »Wer Böses spricht von mir und den meinen, / Der gehe nach Haus und betrachte die Seinen!« oder der Leidspruch geldgebeutelter Bauherren: »BOVWENT IST EINE LUST, WATT TT KOSTET, HEW IK NICH WUSST.« Oft liest man Sprüche, mit denen Advokaten, Ärzte und Steuereintreiber abgewehrt werden sollen, was allerdings von vornherein zum Scheitern verurteilt ist. Aber so ein Spruch am Haus lässt Frust heraus.

Es gibt Rätselinschriften und sogenannte Chronogramme, in deren Buchstaben die römischen Zahlen des Baujahrs versteckt sind.

Aber die meisten sind nicht so seltsam abweisend wie der Spruch in der 18.-März-Straße. Man kann sich einen Jux machen und einen Zettel darunterzwicken, worauf ein süddeutscher Hausspruch zitiert wird: »Einer acht's / Der andre verlacht's / Der dritte betracht's / Was macht's?«

Adresse 18.-März-Straße 35, 99867 Gotha | **ÖPNV** Straßenbahn 1, 3, 4, Haltestelle 18.-März-Straße | **Anfahrt** A 4, Abfahrt Gotha, B 247 Ohrdrufer Straße, Kreuzung links Stielerstraße, rechts Mozartstraße, links Parkallee, Schlossplatz, Puschkinallee, Reinhardsbrunner Straße, rechts 18.-März-Straße | **Tipp** Für die Opfer der Märzkämpfe (Kapp-Putsch) wurde durch Gothaer Schüler eine Gedenktafel an der Hauptpost angebracht.

92 Das Siechenareal

Gottes fast verlassene Kinder

In den Zeiten, als der sogenannte »Große Bruder« noch nicht zerfallen war, kursierte der parodierte Spruch: »Von der Sowjetunion lernen, heißt siechen lernen.« Wobei, schon damals war das Wort siechen im alltäglichen Sprachgebrauch fast verschwunden: Kranke waren krank und nicht mehr siech. Längst waren die Zeiten, als es noch Siechenhäuser gab, vergessen.

Mitte des 14. Jahrhunderts stand hier schon ein Hospital für Aussätzige, eigentlich ein Hospiz, Sterbebegleitung für Lepra- und Pestkranke, die außerhalb der Stadt isoliert wurden. Auch eine dem heiligen Nikolaus geweihte romanische Kapelle gab es. Aufopferungsvoll kümmerten sich Menschen um die Dahinsiechenden, oft durch Ansteckung dann selber zum Opfer werdend. Wenn nicht genügend Nahrung und Kleidung oder Geld gespendet worden war, mussten die Siechen betteln gehen, aber dabei Schellen an der Kleidung oder Tierhörner tragen und in manchen Gegenden mit sogenannten Lazarusklappern laut vor der Gefahr warnen, die sie selbst waren. Ein Historiker hat aufgelistet, dass auf dem Gebiet des heutigen Deutschland rund tausend Leprosorien, also Siechenhäuser für Leprakranke, nachweisbar sind. Nach 1700 war die Krankheit allerdings so selten geworden, dass Kriminelle und obdachlose Landstreicher mit gefälschten Siechenscheinen die Hospitäler als Asyle nutzten.

Von welcher Krankheit Herzog Friedrich II. von Sachsen-Gotha-Altenburg 1715 genas, ist nicht überliefert. Aber er war so erleichtert, dass er eine Kirche anstelle der Nikolaus-Kapelle errichten ließ. Der Kirchenbauspezialist Johann Erhard Straßburger (er entwarf auch die Gotteshäuser in Ohrdruf, Mechterstädt, Frankenhain, Gräfenhain, Waltershausen, Sundhausen, Kleinrettbach und als letztes die Bergkirche in Gehlberg) baute die Friedrichskirche, die aber immer noch auch Siechhofskirche genannt wird. Sie ist der älteste barocke Zentralbau in Thüringen.

Adresse Erfurter Landstraße 31, 99867 Gotha | **Anfahrt** A 4, Abfahrt Gotha, B 247 Ohrdrufer Straße, an der großen Kreuzung rechts Stielerstraße, dann links Seebergstraße, rechts Erfurter Landstraße | **Tipp** Gleich neben dem historischen Siechenareal liegt das Gelände des ehemaligen Kreiskrankenhauses, hier siechen die Gebäude vor sich hin.

93_Das Spohrhaus

Bröckelnder Weltruhm

Weil er so sehr darum bat, kaufte Vater Spohr seinem Sohn Louis 1789 auf einem Jahrmarkt eine Geige. Die liegt nun im Städtischen Museum Braunschweig, weil der 1784 in dieser Stadt Geborene mit dem Instrument eine furiose Musiker- und Komponistenkarriere startete. Mit 18 Jahren war er schon auf einer Konzertreise durch Norddeutschland, über das Baltikum bis nach St. Petersburg. Spohr begleitete den Violinvirtuosen Franz Eck, der ihm auf der Reise noch einiges beibrachte. In St. Petersburg bekam Spohr eine Guarneri-Geige geschenkt, die ihm auf der nachfolgenden Deutschlandtournee gestohlen wurde. Solche Geigen gehörten schon damals zu den wertvollsten Instrumenten, heute werden durchaus auch mal 18 Millionen Dollar dafür gezahlt. Wieder war es der Braunschweiger Herzog, der sich großzügig zeigte und für eine Ersatzvioline sorgte.

Mit dieser trat Spohr 1805 die Stelle des Herzoglichen Gothaer Konzertmeisters an. Zwar strahlte Spohr schon durch seine knapp zwei Meter Körpergröße Autorität aus, auch sein Ruf war ihm vorausgeeilt. Trotzdem bekam er den Rat, sich vor den Orchestermusikern, alles ältere Herren, selbst ein wenig älter zu schwindeln. Der Neue absolvierte Antrittsbesuche. Einer führte ihn zu Dorette Scheidler, einer hervorragenden Harfenistin, Tochter einer Hofsängerin. Später komponierte Spohr für Harfe und Geige, für sie und sich.

Hochzeit in Gotha, die erste Tochter in Gotha, 1807 Aufnahme Spohrs in die Freimaurerloge »Ernst zum Compaß«. Oft wurde er zu Gastspielen eingeladen. Seinerzeit galt er als dem Stargeiger Paganini mindestens gleichwertiger Virtuose. 1813 verließ er Gotha. Das Ziel war Wien, sein Weg aber dort nicht zu Ende.

Am Gothaer Wohnhaus war eine schlichte Gedenktafel angebracht. Darauf stand: »Hier lebte Louis Spohr.« Mehr brauchte es nicht, der Mann war ja weltberühmt. Aber die Tafel am Haus ist verschwunden.

Adresse Mühlgrabenweg 15, 99867 Gotha | **Anfahrt** A 4, Abfahrt Gotha, B 247 Ohrdrufer Straße, Enckestraße, Steinmühlenallee, rechts halten Mühlgrabenweg | **Tipp** Der wunderschöne Spohrsaal in der Reinhardsbrunner Straße gehört dem Landkreis Gotha und ist für die Öffentlichkeit nur eingeschränkt zugänglich.

94 Das Staubsaugerhaus

Nobel, nobel

Der Volksmund ist gnadenlos, aber treffsicher in der Wort- und vor allem der Namensfindung. Oberbaurat Conrad Schaller, Sohn eines Amtsmaurermeisters, hat das »Schweinekloster« (den neuen Schlachthof, jetzt Schlosspark Center) und die »Griefenburg«, das Wohnhaus für den Fleischermeister Hugo Wönne in der Friedrichstraße, und einige weitere Häuser in Gotha entworfen. Schaller ist der Erfinder der balkentragenden massiven Dünnwände. Die materialsparende und wohnraumvergrößernde Erfindung konnte sich aber nicht gegen Bedenken der herzoglichen Bauverantwortlichen durchsetzen. Also wurde wieder in gewohnter Weise gemauert. So auch in der Goethestraße 2. Schaller hatte das Grundstück gekauft, um ein ganz besonderes Haus hochziehen zu lassen, eines, das besonders viel Geld einbringen sollte.

Für exquisites Wohnen reichten freilich nicht ein Balkon wie der im ersten Stock, der einem filigran geschmiedeten Vogelkäfig ähnelt, und das Rohr-Haustelefon mit Anmeldepfeife. Innen bot das Gebäude weitere exklusive Extras. Vor allem hatte Schaller darüber nachgedacht, wie das Haus seine Blitzblankheit vom ersten Tag behalten könne. Darum ließ er einen Kohlenaufzug vom Keller bis unters Dach einbauen. In jeder Wohnung stand ein Kachelofen, der für Warmwasserheizung sorgte. Und der Clou: Auf jeder Etage gab es Luftschächte, durch die ein im Keller befindlicher Kompressor einen starken Luftsog erzeugen konnte, der den Staub aus den Wohnungen saugte. Diese Vorstellung! In einem Disney-Animationsfilm würden Stück für Stück die gesamte Wohneinrichtung und alle Bewohner eingesaugt.

Idee und Ausführung sind bauliche Vergangenheit. Hätte man die Konstruktion bei der Generalsanierung des Hauses nach der Wende erhalten, hätte man werben können: Der Zentralstaubsauger im Nobelhaus Goethestraße 2! Eine viel bessere Idee als ein Zentralkomitee, das heiße Luft absondert!

Adresse Goethestraße 2, 99867 Gotha | ÖPNV Straßenbahn 1, 3, 4, Haltestelle 18.-März-Straße, dann Waltershäuser Straße, Dorotheenstraße, rechts Goethestraße | Anfahrt A 4, Abfahrt Gotha, B 247 Ohrdrufer Straße, Kreuzung links Stielerstraße, rechts Mozartstraße, links Parkallee, Schlossplatz, Puschkinallee, Reinhardsbrunner Straße, rechts 18.-März-Straße, links Goethestraße | Tipp Die Waffen-, Fahrzeug- und Porzellanfabrikantenfamilie Simson hat Verbindung zu Gotha; die Villa Friedrichstraße 17–19 wurde »Das Porzellanschlösschen« genannt.

95_Die Sternwarte Jägerstraße

Vermessen und vermessen

Es ist keine mehr, dabei hieß sie einmal die »Neue Herzogliche Sternwarte«. Für die Astronomen war der Umzug vom Seeberg hierher eine Wohltat, war doch die Nachtarbeit in der alten Sternwarte, vor allem in kalten Jahreszeiten, mehr ein Polartest. Es gab nur ein beheiztes Zimmer, wo man sich ab und an aufwärmen konnte. Nichtsdestotrotz war Goethe nach seinem Besuch 1801 des Lobes voll. Er empfand seinen mehrtägigen Aufenthalt in der Seeberg-Sternwarte »angenehm und lehrreich«. Nicht einmal 60 Jahre später wurde der Meridiansaal abgerissen, die Steine verwendete man für den Neubau in der Jägerstraße. Einige astronomische Geräte hatte sich der Geheime Hofrat Peter Andreas Hansen, Regierungsmitglied für Vermessungsfragen, schon vorher in sein Wohnhaus geholt, das zwei Jahrzehnte als Ersatzsternwarte diente. Gothaer Astronomen mussten viel improvisieren, letztlich fehlten immer die Sterntaler.

Lange Zeit war Gotha ein Weltzentrum der Astronomie. Wissenschaftler kamen, blieben oft lange, lernten, assistierten, profitierten vom hiesigen Know-how. Hansen richtete den Blick nach oben: Seine Mondforschungen brachten ihm einen 1.000-Pfund-Preis der britischen Regierung und Dankesbriefe von Schiffskapitänen ein, die durch seine Arbeit sicherer über die Weltmeere navigierten. Aber der hervorragende Geodät Hansen schaute auch nach unten. Viele Jahre war er Präsident der Kommission der Europäischen Gradmessung. Hätte es zu seinen Lebzeiten eine Notwendigkeit gegeben, einen einheitlichen Nullmeridian festzulegen, wäre der vielleicht durch Gotha verlaufen. Hätte, wäre!? 1874 starb Hansen, zehn Jahre später einigten sich Vertreter von 25 Nationen auf der Washingtoner Meridian-Konferenz, dass der Nullmeridian durch Greenwich verlaufen solle. Die Greenwicher schafften es nicht, diesen Nullstrich genau auszumessen. Hansen in Gotha wäre das höchstwahrscheinlich geglückt.

Adresse Jägerstraße 7, 99867 Gotha | **Anfahrt** A 4, Abfahrt Gotha, B 247 Ohrdrufer Straße bis große Kreuzung, links in Stielerstraße, rechts Mozartstraße, nächste große Kreuzung links in Parkallee, dann links in Jägerstraße | **Tipp** Bis 1950 hatte der Bildhauer Victor Embser sein Atelier im Erdgeschoss der ehemaligen Sternwarte. Er schuf unter anderem eine Porträtbüste des Astronomen Rohrbach (im Besitz der Gothaer Museen).

96 Die Sterzing-Büste

Der erste gesamtdeutsche Verein

Wer ist das? Gotthilf Albert Sterzing. Gebürtig aus Zella(-Mehlis). Gehobene Schule in Gotha, Jurastudium in Jena, 1854 – nach zwei Anstellungen andernorts – begann er am Gothaer Gericht eine Karriere, die ihn bis an die Spitze trug: ab 1879 Direktor des Landgerichts. Aber er fühlte sich nicht ausgelastet und übernahm viele weitere Ämter. 1861 rief er mit Unterstützung des Herzogs Ernst II. den ersten gesamtdeutschen Verein ins Leben, und das in einer Zeit totaler staatlicher Zersplitterung. Eine nationale Großtat. Er gründete im Schießhaus (heute Stadthalle) während des 1. Deutschen Schützenfestes den »Deutschen Schützenbund«. Witzigerweise musste er danach, weil es den noch nicht gab, schnell einen Thüringer Schützenbund gründen. Die vereinigten Schützen pflegten fortan ihre Männlichkeit mit deutschem Zusammengehörigkeitsgefühl.

Friedrich Jacob Müller (siehe Ort 27) schrieb den Gedenkspruch: »Ein sich'rer Blick, ein starker Arm, / Wo beides eng sich paaret, / Da schlägt das Herz auch muthig warm, / Das deutsche Ehre wahret: / Turner, Schützen, Hand in Hand, / Gott! Segne dieses schöne Land.«

Wer hat die Sterzing-Büste geformt? Der in Gotha geborene Bildhauer Christian Behrens, der beim Gothaer Hofbildhauer Eduard Wolfgang in die Lehre und dann in die Welt hinaus gegangen war. Von ihm stammen auch die beiden Figuren am Portal der Margaretenkirche, der Martin und der Philipp. Unter Behrens' riesigem Erzengel Michael gelangt man heute ins Leipziger Völkerschlachtdenkmal. Behrens konnte aber auch Humor in Stein meißeln: einen Monsterkopf, der mit geschlossenen Augen genüsslich einen Mann verschlingt – »Die den Bürger verschlingende Steuerlast« am Neuen Rathaus Leipzig. Und am Rathaus in Wrocław (Breslau) torkelt links ein Mann mit großem Bierkrug, und ihm gegenüber wartet das keifende Weib, das schon einen Schuh in der Hand hält, um dem Trunkenbold eins überzubraten.

Adresse (Stadthalle) Schützenplatz 1, 99867 Gotha | ÖPNV Stadtbus B, Haltestelle Stadthalle, zu Fuß links an Stadthalle vorbei in den Park dahinter | Anfahrt A 4, Abfahrt Gotha, B 247 Ohrdrufer Straße, geradeaus Enckestraße, Mühlgrabenweg, links Gartenstraße, am Bertha-von-Suttner-Platz, rechts Goldbacher Straße, links Schützenplatz | Tipp Der Veranstaltungsplan der Stadthalle ist abwechslungsreich, einfach gucken und nach Kunstgeschmack wählen.

97 Der Studnitz-Saal

Ein Schmuckstück auf dem Dorfe

Waren damals schon die innerstädtischen Preise für Immobilien so hoch, dass der Freiherr von Studnitz nach Wechmar auswich? Vielleicht wollte er ja auch ruhige Feierabende auf seinem Landsitz, Abstand von den Künstlern des Theaters, die manchmal gehütet werden mussten wie ein Sack Flöhe. Der im preußischen Jeroltschütz (heute in Polen) geborene Hans Adam Friedrich Freiherr von Studnitz trat in die Dienste des Herzogs Ernst II. von Sachsen-Coburg-Gotha, wurde zum Oberhofmarschall, sozusagen zum obersten Verwalter, ernannt und war damit auch Verwaltungschef der Hofkapelle und leitete als Intendant das Ekhof-Theater. Die Verwaltung der Kunst war nötig geworden, als der Herzog ein festes Ensemble etablierte, ein ziemliches Novum in der deutschsprachigen Theaterlandschaft. Für die Schauspieler, die im Alter sonst oft Not litten, wurde sogar eine Pensionskasse gegründet – auch eine Pioniertat mit Verwaltungsaufwand.

Die Sommerresidenz in Wechmar ließ der Oberhofmarschall ab 1747 zweiflüglig ausbauen. Und ein Saal musste unbedingt sein, denn der Hausherr veranstaltete Empfänge und Galas, um sein öffentliches Ansehen zu stärken. Es war schon ein Aufreger, wenn die Kutschen durchs Dorf rasselten und die Herrschaften ins Studnitzhaus schritten, um sich und ihre prachtvollen Galaroben im repräsentativ ausgestatteten, kerzenbeleuchteten Rokokosaal zu zeigen.

Auch ein denkmalgeschütztes Haus wird nicht besser, wenn es niemandem gehört. 1990 kam die Gemeinde in Besitz des Gebäudes. Die verkaufte es 1998 für eine symbolische Mark an den Wechmarer Heimatverein. Verein und Gemeinde sanierten, restaurierten und bauten den Ostflügel neu auf. Nun ist wieder Leben im Haus, unter anderem hat der Thüringer Trachtenverband hier seinen Sitz. Lange Jahre gab es in Gotha nur eine Zeichnung, die den Herrn von Studnitz zeigte. Anfang 2022 kam, ersteigert auf einer Auktion in Berlin, ein Studnitz-Porträt in Öl nach Gotha.

Adresse Hohenkirchenstraße 13, 99869 Günthersleben-Wechmar | ÖPNV Bus 871, Haltestelle Wechmar Lange Straße, entgegen Fahrtrichtung Bachstraße, links Hohenkirchenstraße | Anfahrt A 4, Abfahrt Wandersleben, nach Mühlberg, dort rechts Gothaer Straße, L 1045 nach Wechmar, Lange Straße, links Bachstraße, links Hohenkirchenstraße | Öffnungszeiten zu Veranstaltungen; Besichtigungen erfragen bei Thüringer Landestrachtenverband, Büro Tel. 036256/86560 | Tipp Die Pyramide am Gymnasium Ernestinum in Gotha ist das Grabmal des Herrn von Studnitz, noch im Tode ein Sonderling.

98 Die Synagoge Gotha

Ein Erinnerungsmodell

Manche gehen gedankenlos hier vorbei, manche denken beim Anblick des kleinen Hauses an Puppenstuben oder an Häuser für die große Modelleisenbahnplatte daheim im Keller. Andere beschleicht beim Vorbeigang immer wieder ein ungutes Gefühl. Wer sich etwas Zeit nimmt, innehält und die Schautafeln liest, wird zurückgeworfen in eine Zeit, in die man nicht zurück will. Eher will man vergessen, verdrängen – aber das geht nicht.

Als dieses Haus real am 11. Mai 1904 eingeweiht wurde, waren Neugier und Anteilnahme groß. Die israelitische Gemeinde hatte lange auf ein eigenes Gotteshaus gehofft und gewartet, viele Jahre war man auf beengte Beträume in Wohnhäusern (zunächst am Hauptmarkt, später in der Schwabhäuser und Siebleber Straße) angewiesen. Gut 50 Jahre nach der Niederlassungsfreiheit für Juden standen der Staatsminister Otto von Hentig, mehrere Ratsmitglieder Gothas sowie Vertreter der Nachbargemeinden, dazu der katholischen und der evangelischen Kirche Seite an Seite mit den jüdischen Bürgern. Bei der Schlüsselübergabe versicherte der Oberbürgermeister Otto Liebetrau – heute würde man sagen: die uneingeschränkte Solidarität –, immer auch die Interessen der jüdischen Gemeinde zu beachten. Nach erfolgreicher Tätigkeit für alle Bürger Gothas schied Liebetrau Ende 1919 aus dem Amt und wurde zum Ehrenbürger ernannt. Er starb 1928, zehn Jahre bevor die Synagoge während des Novemberpogroms in Brand gesteckt wurde. Die Feuerwehr bewachte die Abfackelung des neoromantischen Baus mit der türmchenbekrönten Kuppel. Ganz perfide: Die jüdische Gemeinde musste die Beseitigung der Brandreste bezahlen.

Nun durchschneidet der historische Erinnerungsweg den modernen Konsumtempel, genannt Shopping-Center »Altstadtforum«. Das Center ist kein Zentrum und ein Forum ist es schon gar nicht. Aber wer macht sich schon darüber Gedanken, wenn er hierher zum Einkaufen fährt.

Adresse An der Synagoge, 99867 Gotha | ÖPNV Straßenbahn 1, 3, 4, Haltestelle Gartenstraße, über Parkplatz zur Gasse zwischen den Einkaufshallen | Anfahrt A 4, Abfahrt Gotha, B 247 Ohrdrufer Straße, geradeaus Enckestraße, Mühlgrabenweg, links Gartenstraße, am Shopping-Center parken, zu Fuß in die Gasse | Tipp In Gotha wurden viele Stolpersteine verlegt. Eine Gesamtliste findet man im Internet.

99 Das Teeschlösschen

Ein lustiges Missverständnis

Loriot-Fans fällt bei der Namensgeschichte des Teeschlösschens umgehend »Die englische Ansage« ein, die Evelyn Hamann so genial verlispelt hat. Ein »Tie-Äjdsch« nach dem anderen ging der Schauspielerin immer holpriger von der Zunge: von North Cothelstone über Gwyneth Molesworth bis North Thurston. Und es blieb nicht aus, dass der Schlips zum Schlipß wurde, die Buchstaben nur so durcheinanderpurzelten. Aber etwas behielt Frau Hamann immer: die Conßtanze, äh nein, die Konntenangs.

Innerhalb eines halben Jahres, über den Jahreswechsel 1780/81, ließ Baumeister Besser auf Befehl des Herzogs Ernst II. von Sachsen-Gotha-Altenburg ein Gartenhaus für die Gemahlin des Staatschefs bauen. Das neogotische Wohnhaus sah weniger nach Wohnen aus, sondern mehr nach Beten, weswegen es auch als Kloster oder Kapelle bezeichnet wurde. Die Herzogin fand diese Sommerwohnung schick, weshalb 1783 noch etwas mehr investiert wurde. Bis 1812 wurde wiederholt um- und vor allem angebaut. So bekam schlussendlich das Schlösschen seine heutige Kirchengestalt. Und wenn die englische Verwandtschaft nach Gotha kam, dann gehörte ihnen das Haus, das darum auch »Englische Kapelle« genannt wurde. Es gibt ein Foto von Queen Victoria mit ihrem Prinzgemahl Albert von Sachsen-Coburg-Gotha vor der Kapelle. Victoria schrieb unter das Foto »The Schlösschen«. Und weil manchen die Aussprache des »Tie-Ädjsch« zu zungenbrecherisch erscheint, erleichtern sie sich die Aussprache und sagen: Tee. Und so wurde aus »The Schlösschen« das »Teeschlösschen«. So etwas lässt sich der Volksmund natürlich nie wieder nehmen, und so blieb es beim Namen.

Direkt neben dem Teeschlösschen wurde 1845 zur Erinnerung an den Victoria-und-Albert-Besuch eine Buche gepflanzt. Der Baum fiel rund 100 Jahre später einem stürmischen Wind zum Opfer. Da waren die englischen Sachsen-Coburg-Gothaer längst zu Windsors geworden.

Adresse Mendelssohnweg 1, im Schlosspark, 99867 Gotha (heute Kindergarten) | **ÖPNV** Straßenbahn 1, 2, 4, Haltestelle Orangerie, durch den Park, dann links A.-Petermann-Weg, links Mendelsohnweg | **Anfahrt** A 4, Abfahrt Gotha, B 247 Ohrdrufer Straße, an der Kreuzung links Stielerstraße, rechts Mozartstraße, links Parkallee, rechts Mendelssohnweg | **Tipp** Die Herzogliche Orangerie mit Kamelienhaus – wiedererstandene Kleinodien der Gartenkunst.

100_Das Tivoli

Ein einig Volk von Brüdern

Als hier Weltgeschichte geschrieben wurde, hieß es noch nicht »Tivoli«. Man traf sich im »Kaltwasser'schen Saal«. Das wiederum ist auch nicht richtig, weil sich zwar der Name eingebürgert hatte, aber weder Herr noch Frau Kaltwasser zur Zeit des Großereignisses noch Eigentümer des Saals waren, sondern ein Herr Friedrich Helder. Wenn man also exakt sein will: Der Vereinigungskongress der Sozialdemokraten Deutschlands fand 1875 im Helder'schen Saal statt. Von hier aus entwickelte sich eine Partei, die großen Einfluss auf die deutsche und zeitweilig auch auf die Weltgeschichte hatte und hat.

Würden heute Feministinnen und Gender-Fans auf die Bilder des Vereinigungsparteitages schauen, kämen sie zu der niederschmetternden Einschätzung: Die SPD wurde von alten weißen Männern gegründet. Auf den Bildern viele seriöse Bärtige im ordentlichen Anzug. Aber man sollte sich nicht täuschen lassen, selbst die Arbeiterkader wie der vormalige Drechslergeselle August Bebel wollten so für die Nachwelt abgebildet werden. Dass Frauen in der Politik sichtbar wurden, das kam erst Jahre später, und die Sozialdemokraten hatten einen ordentlichen Anteil daran. Aber im Parteiprogramm forderten die Männer schon das Verbot aller Gesundheit und Sittlichkeit schädigenden Frauenarbeit. Das Parteiprogramm übrigens war für Karl Marx ein kompromisslerisches Werk, er wetterte in den »Randglossen zum Gothaer Programm« heftig dagegen. Theoretisch sei vieles schwammig, teils gar unkorrekt. Doch der Praktiker August Bebel erwiderte, Hauptsache sei die Einigung der zwei Arbeiterparteien gewesen.

Und vielleicht liegt hier ja auch der Keim aller späteren Entwicklung der Partei, die zwar immer mal links blinkte, aber oft mittig geradeaus fuhr und durch diesen Kurs eine größere Wählerschaft ansprach. Die gute, alte Tante SPD scheint eine verlässliche Verwandte zu sein.

Adresse Gedenkstätte Gothaer Tivoli, Am Tivoli 3, 99867 Gotha | **ÖPNV** Straßenbahn 1, 3, 4, Haltestelle 18.-März-Straße, weiter über Waltershäuser Straße, rechts Leesenstraße, links Am Tivoli | **Anfahrt** A 4, Abfahrt Gotha, B 247 Ohrdrufer Straße, an der großen Kreuzung links Stielerstraße, rechts Mozartstraße, links Parkallee, Schlossplatz, Puschkinallee, rechts Brahmsweg, links Am Tivoli | **Öffnungszeiten** Di – Do 10 – 16 Uhr oder nach Vereinbarung, Tel. 03621/704127 | **Tipp** Am 27. Januar 1990 redete Willy Brandt auf dem Hauptmarkt. Man kann sich an den Rednerplatz stellen und über die Einheit nachdenken.

101 Das Torten-Tuning-Café

Mal was ganz anderes

Gleich vorweg: Die Konditoreiwaren schmecken nach Torte, Kuchen und Gebäck und nicht nach Motorenöl. Anfangs herrschte eine gewisse Skepsis. Manche Münder verzogen sich noch mehr, wenn zur Sprache kam, dass die Café-Chefin zunächst Chemielaborantin gelernt hat. Aber die Chemie gab sie zugunsten einer sehr erfolgreichen Konditorlehre auf. Der Erfolg setzte sich fort, als sie in Suhl eine Tortenmanufaktur eröffnete und Landessiegerin der Thüringer Konditoren (und -innen) wurde. In ihrer Freizeit war und ist sie eine »verschärfte Schrauberin«. Autotuning ist ihr Hobby. Und diese unterschiedlichen Talente, verquickt mit einem quicken Geist, führten direkt zur Idee, genau dieses Café zu eröffnen. Sie suchte thüringenweit und fand eine Möglichkeit in Gotha.

Die Wände sind dekoriert mit internationalen Nummernschildern. Auto-Zeitschriften liegen aus. Man nimmt Platz auf Autositzen an Tischen, die aus Glasplatten und beleuchteten Motorblöcken gebaut sind. Manchmal versuchen die Gäste, witzig zu sein, und fragen, wo das Lenkrad sei. Einem Tisch dient ein Motorrad als Unterbau. Kaffee und Kuchen werden freundlich serviert. So weit völlig normal für ein Café, aber Kuchengabeln und Kaffeelöffel lassen sich auch als Maulschlüssel verwenden. Wer eine ganz besondere Torte braucht, kann sich über alle modernen Kanäle an die süße Werkstatt wenden. Aber freilich werden auch »oldschool«-Bestellungen handschriftlich akzeptiert. In jedem Fall: Pimp my cake – kein Problem. Am liebsten tunt die Chefin natürlich Torten in Autoform, auf Wunsch auch laktose- oder glutenfrei, low-carb, vegan. Der Kunde ist König und die Kundin Königin, jeder Wunsch ist ein Kreativbefehl. Beim Tortenbasteln hilft moderne Technik: 3D-Druck und Lasertechnologie.

Beim Hinausgehen kann man lesen, dass Kalorien besser schmecken als Vitamine. Das ist doch tröstlich. Und einmal pro Woche geht das schon.

Adresse Weimarer Straße 82, 99867 Gotha-Siebleben | **Anfahrt** A 4, Abfahrt Gotha, B 247 Ohrdrufer Straße, an Kreuzung rechts Stielerstraße, Salzgitterstraße, links Bertha-Schneyer-Straße, rechts Weimarer Straße | **Öffnungszeiten** Di–So 10–18 Uhr | **Tipp** Der grüne Streifen hinter dem Café bis vor zur Salzgitterstraße ist die Kleingartenanlage mit dem beruhigenden Namen »Friedensruh«.

102 Das Umspannhaus

Noch einmal klassische Moderne

1924 gab es – nachzulesen im Gothaer Adressbuch – noch zwei Pferdedroschken in der Stadt. Es fuhren aber auch schon Autodroschken, laut Taxitarif für fünf Mark »vom Bahnhof bis Ende der Stadt«. Sehr aufregend und bewegend und golden waren die Zwanziger in Gotha eher nicht. Noch herrschte eine gewisse Beschaulichkeit. Nicht einmal zehn Jahre später hielt die Moderne Einzug. Und es waren vor allem die Leute mit Geld, also die investitionswilligen Kapitalisten, die die Vorteile und das Praktische am Bauhaus-Stil erkannten. Klare Linien und schnörkellose Fassaden, ab und an eine schöne Rundung, die das Quadratisch-Praktisch-Gute ergänzte. Man kann einiges heute noch besichtigen: unter anderem vorm Bahnhof das ehemalige Verwaltungsgebäude der Elektrizitätsgesellschaft (mit dem halbrunden Vorbau, der auch als blinkender Ausstellungssaal für modernste Leuchtmittel genutzt wurde) mit Gropius-Türgriffen und Marianne-Brandt-Lampen. Dann das Trafohaus des ehemaligen Getriebewerkes in der Karl-Liebknecht-Straße und das 1934 gebaute Verwaltungsgebäude der damaligen Waggonfabrik in der Kindleber Straße – überzeugende Beispiele, wie man wunderschöne Gebäude bauen kann, sodass die einfachen Ziegel zu sehen sind. Das sparte das Verputzen. Und natürlich nicht zu vergessen das Kaufhaus »Conitzer« (heute »moses«), Gothas erster, von Bruno Tamme entworfener, glitzernder Glas-Stahl-Palast.

Im Riedweg steht ein ehemaliges Umspannhaus. Zu klein, um getroffen zu werden, oder einfach Glück gehabt bei den vielen Bombardements im Zweiten Weltkrieg? Gotha war Primärziel und stand auf einer »Einäscherungsliste«. So ungewöhnlich wie die Form des Gebäudes ist, sieht man noch heute, dass es mal zu einem anderen Zweck errichtet wurde. In die historische Substanz hinein wurden Wohnungen gebaut. So schöne hohe Fenster hat wohl kein zweites Wohnhaus in Gotha.

Adresse Riedweg 1, 99867 Gotha | **ÖPNV** Stadtbus C, Haltestelle Am Tierpark, zu Fuß über Am Steinkreuz, dann links Riedweg | **Anfahrt** A 4, Abfahrt Gotha, B 247 Ohrdrufer Straße, links Am Steinkreuz, links Riedweg | **Tipp** In der Florschützstraße 6 beginnt ein Naturlehrpfad: gut beschriftete Hinweisschilder zu Flora und Fauna (Länge circa 1 Kilometer).

103 Die Versöhnungskirche

Kein leichter Name

Die Versöhnungskirche, eingeweiht im Februar 1985, ist einer der wenigen Kirchenneubauten aus DDR-Zeiten. Sprachwissenschaftler haben herausgefunden, dass »versöhnen« ein schwaches Verb ist und sich aus dem mittelhochdeutschen »versühnen« gebildet hat. Theologisch hat Versöhnung immer etwas mit Reue und Buße zu tun. Philosophen, Politiker, Psychologen, alle nutzen das Wort, meinen aber selten dasselbe. Sich einfach die Hände zu reichen, eben sich zu versöhnen, scheint das Leichte zu sein, das schwer zu machen ist. Man denke nur an die Versöhnungskommission in Südafrika nach dem Ende des Apartheidstaates.

Versöhnung ist ein permanentes Ziel, auch in der Gemeinde der Versöhnungskirche. Man muss Wege dahin finden.

Seit Hape Kerkeling medienwirksam über seine Pilgerzeit berichtet hat, dafür mit Sympathie und Geld überschüttet wurde, weiß fast jede und jeder in Deutschland, dass man sich unter dem Zeichen der Jakobsmuschel Blasen an den Füßen, aber auch eine gewisse Erleuchtung und Selbstfindung erlaufen kann. Viele Wege führen nach Santiago de Compostela. Aber man muss gar nicht unbedingt bis dorthin. Pilgern kann man auf vielen Wegen. Einer verläuft durch Gotha. Wer seinen Pilgerausweis vorzeigt, findet für wenig Geld Platz in der Herberge an der Versöhnungskirche. Etwa 200 bis 250 Menschen nutzen das Angebot pro Jahr.

Vielleicht nehmen sie ja auch die Gedenktafel für Werner Sylten zur Kenntnis. Diese Tafel hing seit 1961 am Haus Gartenstraße 29, wo Werner Sylten 1936 bis 1938 unter dem Decknamen Bauer als Leiter des halbillegalen Büros der Lutherischen Bekenntnisgemeinschaft tätig war. Das Haus wurde abgerissen, die Tafel einige Jahre später an der Versöhnungskirche in der Werner-Sylten-Straße angebracht. Wer schon etwas über das evangelisch-kirchliche Entjudungsinstitut in Thüringen gelesen hat, kann das auch als Versöhnungsversuch auffassen.

Adresse Werner-Sylten-Straße 1, 99867 Gotha | ÖPNV Stadtbus A, C, Haltestelle Eschleber Straße, dann Von-Zach-Straße, rechts Werner-Sylten-Straße | Anfahrt A 4, Abfahrt Gotha, B 247 Ohrdrufer Straße bis große Kreuzung, links in Stielerstraße, rechts Mozartstraße, nächste große Kreuzung links in Parkallee, Schlossplatz, Puschkinallee, rechts 18.-März-Straße, links Humboldtstraße, rechts August-Creutzburg-Straße, links Juri-Gagrin-Straße, Werner-Sylten-Straße | Öffnungszeiten täglich 12–18 Uhr, Büro Di 10–12 Uhr | Tipp Vor Werner Syltens Wohnhaus in der Bachstraße 14 verlegte Gunter Demnig 2012 einen Stolperstein.

104 Der Vielgesichtige

Conrad Ekhof mal drei

Die »Hamburgische Entreprise« war der erste Versuch, ein bürgerliches Nationaltheater zu etablieren, ein »stehendes Theater«, also keine – wie bis dahin üblich – Wandertruppe. Entreprise, nicht Enterprise. Ersteres ist ein Unternehmen, die geldgebenden Unternehmer nennen sich auch Entrepreneure. Das andere fliegt durchs Hollywood-All. Aber es hätte in Hamburg niemand so ein Unternehmen gewagt, wenn nicht der berühmteste deutsche Schauspieler, Hans Conrad Dietrich Ekhof, sowie der Dramaturg und Bühnenschriftsteller Gotthold Ephraim Lessing mit von der Partie gewesen wären. Ebenjener Ekhof adelte mit seinem Können noch andere Theater und Schauspieltruppen, die vor allem an norddeutschen Adelshöfen, später auch an sächsisch-thüringischen gastierten. Ekhof war Autodidakt, er suchte sich selbst seine Art der realistischen Menschendarstellung und revolutionierte damit die Schauspielkunst. Generationen von Zuschauern und Schauspielkollegen feierten ihn als »Vater der deutschen Schauspielkunst«. Ekhofs vielgesichtige Bühnenpräsenz hat der Bildhauer Gert Weber in Bronze gießen lassen.

Im Oktober 1775 gründete der Gothaer Herzog Ernst II. das erste deutsche Hoftheater mit einem festen Schauspielensemble. Conrad Ekhof war einer der beiden Direktoren. Für einige Jahre war diese Bühne die anerkannt beste aller deutschen Theater. August Wilhelm Iffland begann hier seine Schauspielkarriere. Iffland? Gibt es nicht diesen Ring, der lebenslang vom jeweils allerbesten deutschsprachigen Schauspieler getragen und vererbt wird an den nächsten Besten? Ja, aber da gab es noch einen Ring für großartige Theaterkünstler: den Ekhof-Ring. Der wurde vom Volkstheater Rostock 1969 bis 1984 jährlich vergeben, insgesamt also 15 Stück. Alle schienen verschwunden. Ein Gothaer Bürger war mehrere Jahre auf der Suche nach einem Exemplar. Er gab nicht auf und fand einen letzten Ring.

Adresse Ekhof-Büste, Ekhofplatz 22, 99867 Gotha | ÖPNV Straßenbahn 1, 2, 4, Haltestelle Huttenstraße, dann Friedrichstraße, Ekhofplatz | Anfahrt A 4, Abfahrt Gotha, B 247 Ohrdrufer Straße, geradeaus Enckestraße, Steinmühlenallee, Justus-Perthes-Straße, rechts Friedrichstraße, Ekhofplatz | Tipp Im Westturm von Schloss Friedenstein befindet sich das letzte originale Barocktheater mit handbetriebener Bühnenmaschinerie. An Ekhofs Sterbehaus in Remstädt, Hauptstraße 38, hängt eine Gedenktafel; gleich neben der Lukaskirche, mit Glocken, die nach dem Zweiten Weltkrieg vom Hamburger Glockenfriedhof zurückgeholt wurden.

105 Der Vier-Jahreszeiten-Saal

Clara und Carneval

Wenn man »über die Dörfer« geht, stößt man immer wieder auf Dorfgaststätten, liebevoll Kneipe genannt, die oft noch einen großen Saal haben. Es gibt in Thüringen viele Beispiele, wo diese wunderschönen alten Säle erhalten wurden. Manche sind noch wie »anno dunnemals«, andere rekonstruiert, renoviert oder auch neu gestaltet. Erstaunlich ist oft die Akustik der alten Räume. Ganz ohne Mikrofon sind die Redner überall gut zu verstehen. Und die Rednerinnen. Zum Beispiel 1896 die Friedensaktivistin und Frauenrechtlerin Clara Zetkin, die hier im »Vier-Jahreszeiten-Saal« an einem SPD-Parteitag teilnahm. Eigentlich sollte der Parteitag in Gotha stattfinden, aber die örtlichen Politiker und die Polizei hatten Angst vor Arbeiterdemonstrationen. Kurzerhand mussten die Delegierten, unter ihnen auch Wilhelm Liebknecht, August Bebel und Wilhelm Bock, nach Siebleben umziehen.

Der Saal war Teil eines großen gastronomischen Gebäudeensembles. Dazu gehörte die eigentliche Kneipe vorn (mit der leider mittlerweile sehr in Mitleidenschaft gezogenen Stuckfassade) an der Weimarer Straße – zu DDR-Zeiten wurde sie als Konsum-Verkaufsstelle genutzt. Dahinter Biergarten, Kegelbahn (heute eine Autowerkstatt), Sängerstube und der Festsaal. Mögen sich Kurt Tucholsky und andere Satiriker über die deutsche Vereinsmeierei lustig gemacht haben – ohne Vereine würde auch heutzutage noch vieles gar nicht funktionieren. Der örtliche Faschingsverein trägt den lustigen, wie eine Melodie klingenden Namen »CaCuBaGoSi«, was aber nur die Abkürzung für das nicht so karnevalistisch anmutende »Carnevals Club BSG Aufbau Gotha Siebleben e.V.« ist. Die Siebleber Narren haben mit vielfältiger Hilfe aus dem Saal ein kleines Schmuckstück gemacht, neue Fenster eingebaut, das Dach neu gedeckt, eine Toilettenanlage eingebaut. Menschen mit Pionierblase haben jetzt kurze Wege. Tätä-tätä-tätä!

Adresse Kindleber Weg 1a, 99867 Gotha | Anfahrt A 4, Abfahrt Gotha, B 247 Ohrdrufer Straße, an der großen Kreuzung rechts Stielerstraße, Salzgitterstraße, links Mönchallee, rechts Weimarer Straße, links Kindleber Weg | Öffnungszeiten in der Karnevals-Saison zu den Veranstaltungen | Tipp Wer umfassend über Fasching/Karneval in Thüringen informiert werden möchte, nutze die Internetseite des Landesverbands der Thüringer Karnevalsvereine. Veranstaltungen in vielen Dörfern rund um Gotha.

106 Die Waidmühle

Das blaue Gold von Pferdingsleben

Was ist ein Gothaer Acker? Ein Feld vor der gleichnamigen Stadt? Ganz so einfach ist es nicht. Der Gothaer Acker war ein Flächenmaß: 140 Quadratruten beziehungsweise Feldruten, also 14 Zoll. Das sind in Quadratmeter? Kaum einer weiß es noch, muss auch keiner mehr wissen. Nur der Vollständigkeit halber: rund 23 a. Auf so einer Fläche säte man knapp 15 Liter Waidsamen aus. Der sich anschließende Gesamtprozess bis zur Blaufärbung von Stoffen mittels Waidpulver war ein ziemlich komplizierter, und man wundert sich immer wieder, wie die Leute damals im 9. Jahrhundert herausgekriegt haben, dass man aus grünen Blättern mit Hilfe von Urin und Pottasche grauschwarze Krümel herstellen, diese zum Blaufärben verwenden und damit reich werden kann. Reich wurden natürlich nur die Verkäufer des Endprodukts, die Waidjunker in den Städten mit Handelsrecht. Die Bauern aber wurden zumindest so wohlhabend, dass sie ihr Pferdingsleben vorsichtshalber mit einem umlaufenden Graben und einer hohen Mauer schützten. Und Gott wurde immer wieder um Schutz gebeten. Das Pferdingslebener Gotteshaus, die Kirche St. Wigbert, beweist durch Größe und Ausstattung, dass die Gemeinde dafür viel Geld ausgeben konnte. Rundherum wuchs ja auf den Äckern Waid. Ernte dreimal im Jahr. Das war so profitabel, dass die Bauern sich gegen die Anweisung Kaiser Karls des Großen stellten, die Äcker in Dreifelderwirtschaft zu bestellen. Solange der Waid wuchs, machte man sich keinen Kopf um die Folgen der Monokultur.

In Pferdingsleben gab es drei Waidmühlen. Eine ist erhalten geblieben. Sie ist die letzte Waidmühle in Mitteleuropa am originalen Platz.

Wigbert hat übrigens mit Bonifatius das Christentum nach Thüringen exportiert. Angeblich konnte er aus Trauben mit der Hand Saft auspressen, der sich in einem Kelch sofort in Messwein verwandelte. Ein Wunder! Leider unwiederholbar.

Adresse Angerstraße, 99869 Pferdingsleben | ÖPNV Bus 891, Haltestelle Pferdingsleben, zu Fuß durch Herrenstraße zur Angerstraße | Anfahrt A 71, Abfahrt Erfurt-Bindersleben, B 7, rechts nach Pferdingsleben | Tipp In der Gretengasse am Hauptmarkt Gotha gibt es ein ehemaliges Waidhaus mit Museum.

107_Die Wangenheimer Krippen

Von Holzköpfen und Schafsknochen

Ja, ist denn schon Weihnachten? Die Antwort ist in Wangenheim einfach: Ja, eigentlich das ganze Jahr. Man muss sich telefonisch voranmelden, dann wird einem aufgetan. Nicht nur alle Jahre wieder, sondern jederzeit kann man einen Blick werfen auf die bald 200 Figuren und anderen Holzobjekte, die der Wangenheimer Hans Herr gedrechselt, geschnitzt und farbig gestaltet hat. Der Mann hat nie eine Holzschnitzschule oder einen Kettensägenkunst-Workshop besucht. Angefangen hat er, der bis zur Wende als Viehzucht-Brigadier in einer LPG tätig war, in seiner Freizeit an der Drechselbank Teller und Kerzenleuchter zu fertigen. Irgendwann wurde ihm das langweilig. Er versuchte es mit Nussknackern, Räuchermännchen und einer Weihnachtspyramide. Von Letzterer blieben Figuren übrig, und da kam dem Vorsitzenden des Gemeindekirchenrats, was der Schnitzer auch einige Jahre war, die Idee: Weihnachtskrippen. Fortan schnippten die Holzspäne vom Schnitzmesser, dass es eine Freude war. Ganzjährig: O es riecht gut, o es riecht fein, das Holz, das unter Herrs Händen zu neuem Leben erweckt wurde. Die Leute im Ort freut es jedes Jahr aufs Neue, wenn die dörfliche Heimat in der Adventszeit stimmungsvoll geschmückt ist. Plötzlich ist Wangenheim ein kleiner Besuchermagnet. Über allem leuchtet der Stern von Bethlehem.

Die kleinste Figurengruppe ist kaum zu sehen, denn sie ist so winzig und filigran geschnitzt, dass sie in eine halbe Haselnussschale passt. Es gibt auch Hirten und Könige aus Speckstein, Meerschaum, Horn und sogar aus Schafsknochen. Einige der Krippen, die Hans Herr geschnitzt hat, stehen die ganze Adventszeit über in der großen Krippenausstellung im eichsfeldischen Heuthen.

In Wangenheim lohnt sich auch noch ein Besuch im kleinen Heimatmuseum. Der Krippenschnitzer oder jemand vom Heimatverein öffnet es gern.

Adresse Hans Herr, Lindenallee 115, 99869 Nessetal-Wangenheim | **ÖPNV** Bus 820, 822, Haltestelle Wangenheim/Lindenallee | **Anfahrt** A 4, Abfahrt Gotha, auf B 247 durch Gotha, in Warza links nach Nessetal, Hauptstraße nach Wangenheim, Lindenallee | **Öffnungszeiten** in der Adventszeit täglich, ansonsten nach Voranmeldung, Tel. 036255/80365 | **Tipp** Die Erfurter Holzbildhauerin Karin Hübeler schnitzte Krippenfiguren mit berühmten Gothaer Köpfen, über allen schwebt Bertha von Suttner als Friedensengel; Figuren in der Adventszeit in einem Schaufenster am Hauptmarkt.

108 Der Wappenstein

Molschlebener Maut

Als Deutschland noch ein riesengroßer Flickenteppich aus Königreichen und Herzogtümern war und die Thüringer Landkarte so kleinteilig und bunt wie eine Patchworkdecke, so kleinteilig, dass Kartografen der Einfachheit halber über diese kleinstaatliche Zerrissenheit »Die Thüringer Staaten« schrieben, in diesen Zeiten gab es an den Straßen, die über Landesgrenzen führten, gut bewachte Schlagbäume. Die gingen nur hoch, wenn die festgelegte Maut an der Chausseegeldstelle bezahlt wurde. Hier in Molschleben kassierte man das Wegegeld bis 1918. Das Dorf wurde nicht reich dadurch, aber man konnte die Kosten der Straßeninstandhaltung damit begleichen. In den 1960er Jahren wurde das alte Chauseehaus abgerissen, wie vorher schon die Mauer um den Ort und die fünf Tore, darunter das Neunthor. Man rettete die Wappentafel, eine Art Grenzzeichen, indem man sie in das Gebäude einmauerte, wo sie heute noch samt dem angedeuteten Schilderhaus zu finden ist.

Das »H. F.« auf der Tafel steht für Hans (eigentlich Johann) Friedrich, der 1542 der Landesfürst war, sogar noch Kurfürst. Dazwischen liest man »VDMIE«: verbum dei manet in aeternum – das Wort Gottes bleibt in Ewigkeit. Nicht ganz so lang hielt sich die Macht Johann Friedrichs, der nach dem Schmalkaldischen Krieg seine Kurwürde und größere Teile seines Staates abgeben musste. Widerspenstig behielt er trotzdem die Wappen, die man auf dem Stein sieht: das sächsische und das Meißner. Ein ähnlicher Wappenstein ist in Friemar zu sehen.

Übrigens ist die Jahreszahl 1542 noch aus anderen Geldgründen interessant, weil in diesem Jahr wieder die »Türkensteuer« – auch Reichstürkenhilfe genannt – erhoben wurde. Im Gegensatz zu vorherigen Gepflogenheiten mussten nicht die Landesherren, die Adeligen und die Kirchenfürsten ihre Kassen dafür öffnen, sondern die Bürger ihre ohnehin nicht so prall gefüllten Geldbeutel. Die Waffenhersteller freute es.

Adresse Eschenberger Straße/Ecke Gierstädter Straße, 99869 Molschleben | ÖPNV Bus 890, Haltestelle Schenksplatz Molschleben, wenige Meter zur Eschenberger Straße | Anfahrt A 4, Abfahrt Gotha, B 247 durch Gotha bis rechts Kindleber Straße, in Kindleben auf L 1027 nach Molschleben, parken am Landgasthof »Zur Krone«, wenige Schritte rechts | Tipp Der ziemlich hässliche, fette Johann Friedrich nahm die seinerzeit wohl Schönste unter den europäischen Adeligen zur Frau: Sibylle von Cleve. Ein Cranach-Porträt hängt im Weimarer Schloss. Hinreißend!

109 Weisheits Winterquartier

Bodenständig in der Luft

Sie sind eine Familie – eine Familie, die in der sechsten Generation auf dem Hochseil zu Hause ist. Bei Weisheits wollen schon die kleinsten Familienmitglieder mit aufs Seil. Manchmal könnte man denken, kleine Weisheits sind nicht nur für das Seil geboren, sondern auf demselben, so selbstverständlich bewegen sie sich mit den Großen in der Höhe. Diese vermeintliche Selbstverständlichkeit ist Ergebnis vieler Trainingsstunden, und die Sicherheit der Artistinnen und Artisten, egal welchen Alters, steht immer an vorderster Stelle.

Urvater der Hochseildynastie war der 1875 geborene Friedrich Wilhelm Weisheit, der die Artistin Maria Traber heiratete. Der gelernte Büchsenmacher ging mit Frau und seinen fünf Söhnen ab 1900 auf Tournee. Die Weisheits weltweit unterwegs! Sie zeigten ihre Hochseilschau in vielen deutschen Städten, in Italien, Spanien, der Schweiz, auch vor dem thailändischen König, beim Zirkusfestival in Monte Carlo (wo sie den Sonderpreis der Internationalen Jury bekamen) und vor 30.000 Menschen in Hermannstadt (Rumänien). Sie tragen jedoch die Nase nicht hoch und sind sich nicht zu schade für Dorffeste. Auch dort zeigt die weltweit einzigartige Familie Weltniveau: mit der Motorrad-Show oder wenn sie als menschliche Pyramide aufs Seil gehen.

Alle lernen andere Berufe, die ihnen Autonomie im Artistengeschäft sichern. Sie sind ihre eigenen Roadies, Kostümschneiderinnen und Trainer. Manche sind auch im Beruf geblieben und nicht mit aufs Seil.

Vielleicht klingt das jetzt komisch: Die Hochseiltruppe steht mit beiden Beinen fest auf dem Boden. Darum gehört auch das »Winterquartier« in der Überschrift eigentlich in Anführungszeichen, denn dies ist das Heimatquartier. Und das werden sie wohl nie aufgeben. Angebote aus den USA und China, dort über Jahre zu bleiben, und sicher auch gutes Geld zu verdienen, lehnten sie ab. Heimat könne ihnen niemand bezahlen.

Adresse Oberstraße 1, 99867 Gotha-Siebleben | Anfahrt A 4, Abfahrt Gotha, B 247 Ohrdrufer Straße, an der großen Kreuzung rechts Stielerstraße, Salzgitterstraße, links Kirchgasse, Oberstraße | Öffnungszeiten Tourdaten auf der Internetseite der »Geschwister Weisheit« | Tipp In der Oberstraße 12 fertigt der »Klangbruder« hervorragende Percussion-Instrumente.

110 Die Windhundrennbahn

Jagd auf falsche Hasen

Manchmal rennen sie hier hechelnd um die Wette. Windhunde sind der Renner. Sie folgen einem Wuschel, weil sie instinktiv annehmen, das ist was Jagdbares. Daher kommt höchstwahrscheinlich auch ihr Name, vom althochdeutschen Wort »wint« für »Jagd«: Wint-, heute Windhunde, sind schlanke Hetzhunde, die ihre Beute auf Sicht jagen. Es gibt nur noch ein Landtier, das noch schneller unterwegs ist: der Gepard. Aber Geparden konnte man bisher nicht zum Wettstreit bewegen. Auf alten Gemälden und Zeichnungen hat man gern Damen mit Windhunden porträtiert. Meist steht da im Werktitel statt Windhund Windspiel. Für Hasen und Rehe war es nie ein Spiel, von Windhunden gesichtet zu werden.

Wer sich ein bisschen in der altägyptischen Götterwelt auskennt, weiß, dass der Totengott Anubis einen Windhundkopf hat. Hunde, die dem Gott ähneln, heißen Pharaonenhunde. Der Hund als bester Freund der Menschen (andere haben andere enge tierische Freunde) ist früher vor allem Jagdgefährte gewesen. Griechen und Römer verfassten Bücher über Jagd und Hunde. Die Tiere waren im Mittelalter dem Adel vorbehalten und wurden immer wertvoller. Es gab Zeiten und Gegenden in Europa, da kostete ein Windhund mehr als ein Leibeigener, und wer einen Windhund tötete, der musste damit rechnen, dasselbe Schicksal zu erleiden.

Hundefachleute denken bei Windhunden an Morgenland und Abendland, denn heute unterscheidet man okzidentale (mit Rosenohren) und orientale (mit Schlappohren). Dazwischen hecheln noch die mediterranen Windhunde, die man an ihren Stehohren erkennt, wie den Pharaonenhund. Egal, zu welcher Gruppe die Hunde gehören, heutzutage fristen die meisten ein langweiliges Dasein als Haushunde oder laufen artig neben feinen Frauchens her, fast so wie die Windspiele auf den alten Gemälden neben den adeligen Damen. Die Hunde jedoch, die hier rennen dürfen, dürften zu den glücklichen zählen.

Adresse Riet-Chaussee, 99869 Tüttleben | **Anfahrt** A 4, Abfahrt Gotha, B 247 Ohrdrufer Straße, an der großen Kreuzung rechts Stielerstraße, Salzgitterstraße, links Mönchallee, rechts Weimarer Straße, B 7, rechts nach Tüttleben Am Marbach, Riet-Chaussee | **Öffnungszeiten** bitte dem Rennplan entnehmen, www.windhundclub.de/twc | **Tipp** Wer in Gotha in einen Flixbus steigt, bezahlt die Reise bei einem Verkehrsunternehmen, dem mittlerweile auch die »Windhund«-Busse in den USA gehören, die »Greyhounds«.

111 Der Zuckerhut

Friedliche Begrünung

Wer ahnungslos an dem Ding vorbeifährt oder -läuft, wird auch nicht weiter darüber nachdenken. Es steht ja auf Betriebsgelände, wird wohl irgendwas Betriebliches sein. Nein, es ist ein Bunker. Aber Bunker liegen doch unter der Erde? Der nicht ganz. In Deutschland wurden in dieser Bauart rund 200 errichtet. Es sind noch viele davon erhalten, sie stehen alle unter Denkmalschutz. Der Volksmund hat die Bunker Zuckerhüte oder Betonzigarre genannt. Manche, wie die in Hannover und Darmstadt, sehen eher aus wie Wachtürme aus Fantasy- oder Science-Fiction-Filmen à la »Star Wars«. Denen in Stuttgart und Lübeck hat man sogar ein zusätzliches Turmdach verpasst. In Gießen steht einer in einer ehemaligen Kaserne, den hat man zu Wohnzwecken umgebaut und die Fassade freundlich-blau mit weißen Punkten angestrichen. Der in Herne ist ganz blau und dient als Säulenunterbau für einen nachts leuchtenden Lidl-Werbewürfel. Das hätte sich der Kölner Architekt Leo Winkel sicher nicht träumen lassen, als er den Hochbunker entwarf. Am steil abfallende Spitzdach sollten Bomben abgleiten und möglichst nicht dort explodieren. Es ist auch nur ein Fall bekannt, bei dem so ein Bunker doch durch einen Bombentreffer zerstört wurde.

Die Hochbunker sind auch ein Beweis für deutsche Bauingenieurskunst und Architektenkreativität. Nur die Mühlen der Verwaltung mahlten auch in diesem Fall erstaunlich langsam. Das Hochbunker-Patent wurde zwar im September 1934 eingereicht, aber erst im April 1938 erteilt. Dann drohte Krieg, und hurtig wurden an zwölf deutsche Bauunternehmen Lizenzen vergeben, damit dieserart Schutzräume schnell entstanden. Je nach Auslegung passten bis zu 600 Menschen in so einen Bunker.

Der Winkelturm in Gotha wächst langsam zu – ein friedliches Bild. Innen gibt es Ausstellungen zu den Winkel-Luftschutzeinrichtungen und zu den Bombenangriffen auf Gotha im Zweiten Weltkrieg.

Adresse Südstraße, 99867 Gotha | ÖPNV Stadtbus B, C, Haltestelle Südstraße/Hauptbahnhof | Anfahrt A 4, Abfahrt Gotha, B 247 Ohrdrufer Straße, links in Südstraße | Öffnungszeiten und Führungen erfragen bei Tourist-Info am Hauptmarkt, Tel. 03621/510450 | Tipp Eine andere Art Bunker sind die Kasematten des Friedensteins, auch dort gibt es Führungen.

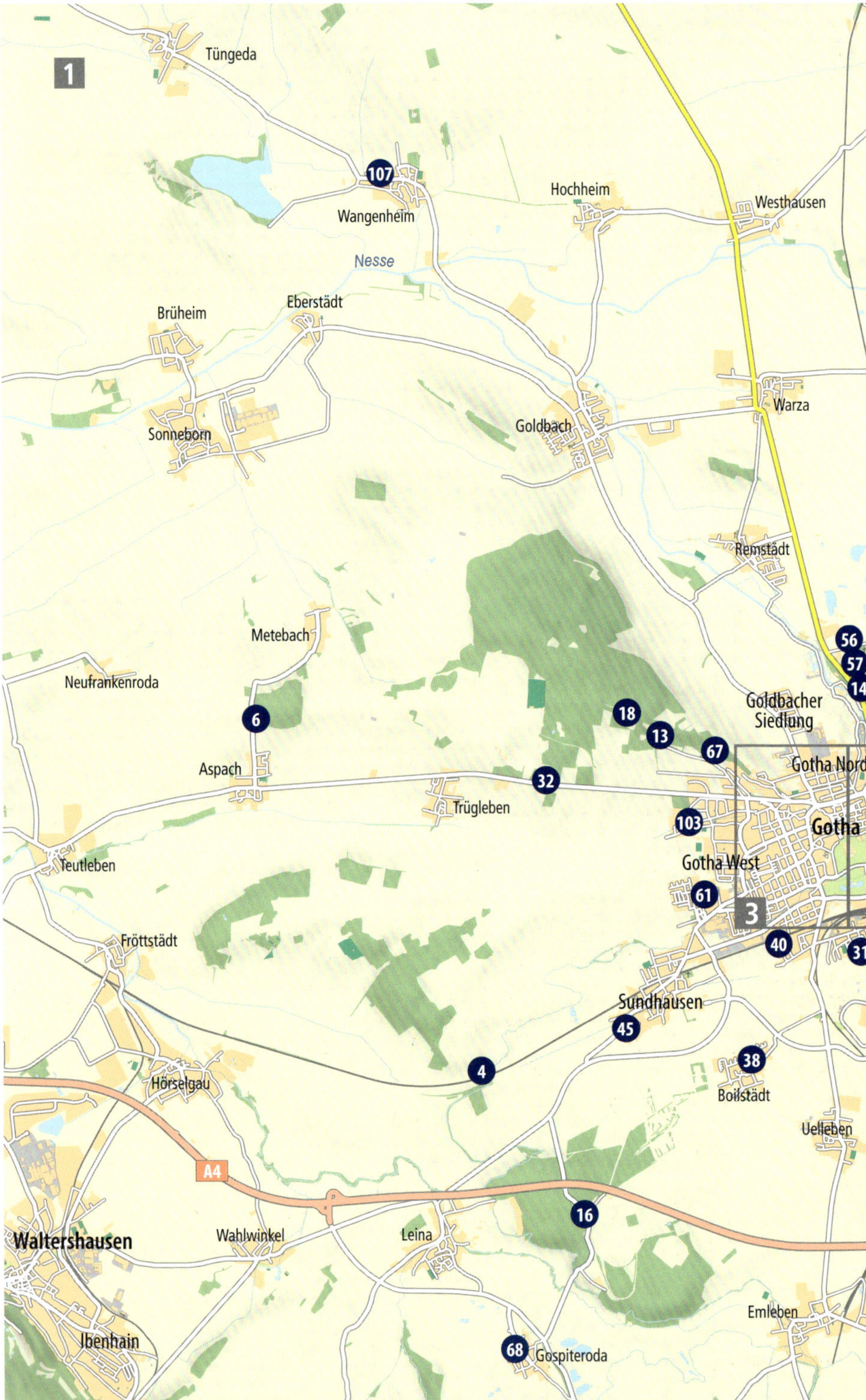
1
Tüngeda
107
Wangenheim
Hochheim
Westhausen
Nesse
Brüheim
Eberstädt
Warza
Goldbach
Sonneborn
Remstädt
Metebach
56
57
14
Neufrankenroda
Goldbacher Siedlung
18
6
13
67
Aspach
32
Gotha Nord
Trügleben
103
Gotha
Gotha West
Teutleben
61
3
40
31
Fröttstädt
Sundhausen
45
38
4
Boilstädt
Hörselgau
Uelleben
A4
16
Waltershausen
Wahlwinkel
Leina
Emleben
Ibenhain
68
Gospiteroda

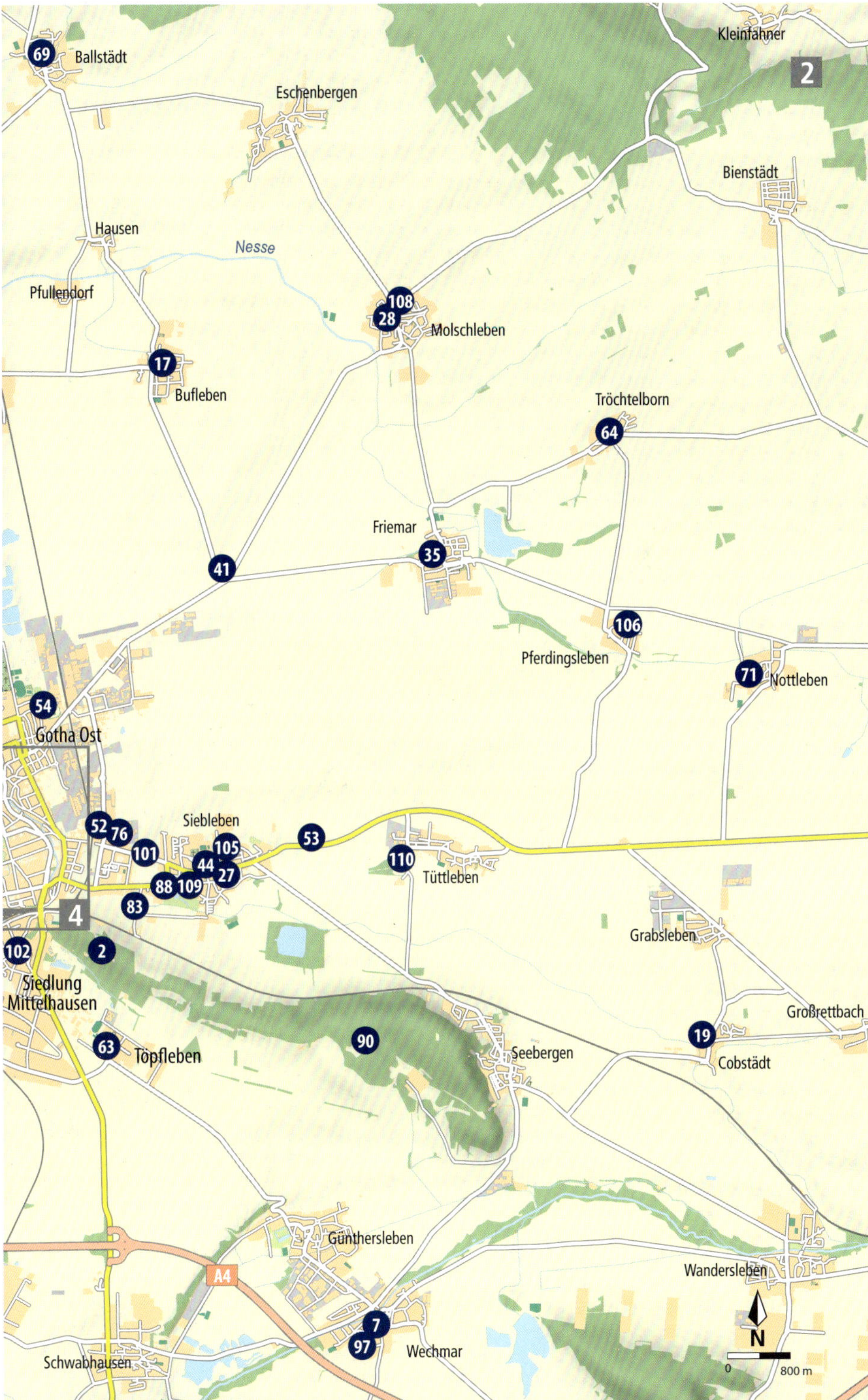

2
Kleinfahner
69
Ballstädt
Eschenbergen
Bienstädt
Hausen
Nesse
Pfullendorf
108
28
Molschleben
17
Bufleben
Tröchtelborn
64
Friemar
35
41
106
Pferdingsleben
71
Nottleben
54
Gotha Ost
Siebleben
52
76
101
105
53
44
27
88
109
110
Tüttleben
83
4
Grabsleben
102
2
Siedlung
Mittelhausen
Großrettbach
19
63
Töpfleben
90
Seebergen
Cobstädt
Günthersleben
Wandersleben
A4
7
97
N
Wechmar
Schwabhausen
0
800 m

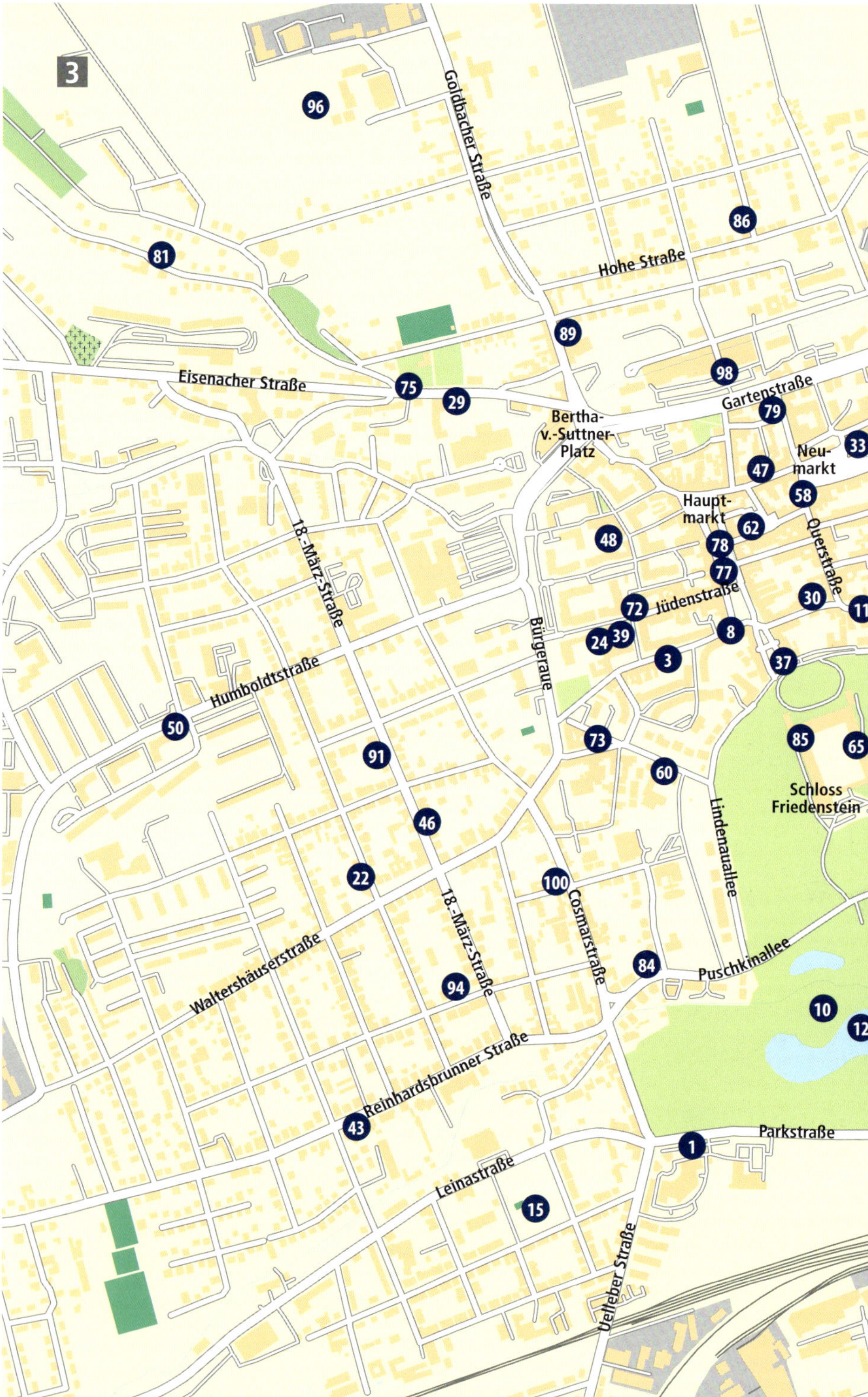
3
Goldbacher Straße
Hohe Straße
Eisenacher Straße
Gartenstraße
Bertha-v.-Suttner-Platz
Neumarkt
Hauptmarkt
Querstraße
Jüdenstraße
18.-März-Straße
Bürgeraue
Humboldtstraße
Schloss Friedenstein
Lindenauallee
Cosmarstraße
Waltershäuserstraße
Puschkinallee
Reinhardsbrunner Straße
Parkstraße
Leinastraße
Uelleber Straße
1
3
8
10
11
12
15
22
24
29
30
33
37
39
43
46
47
48
50
58
60
62
65
72
73
75
77
78
79
81
84
85
86
89
91
94
96
98
100

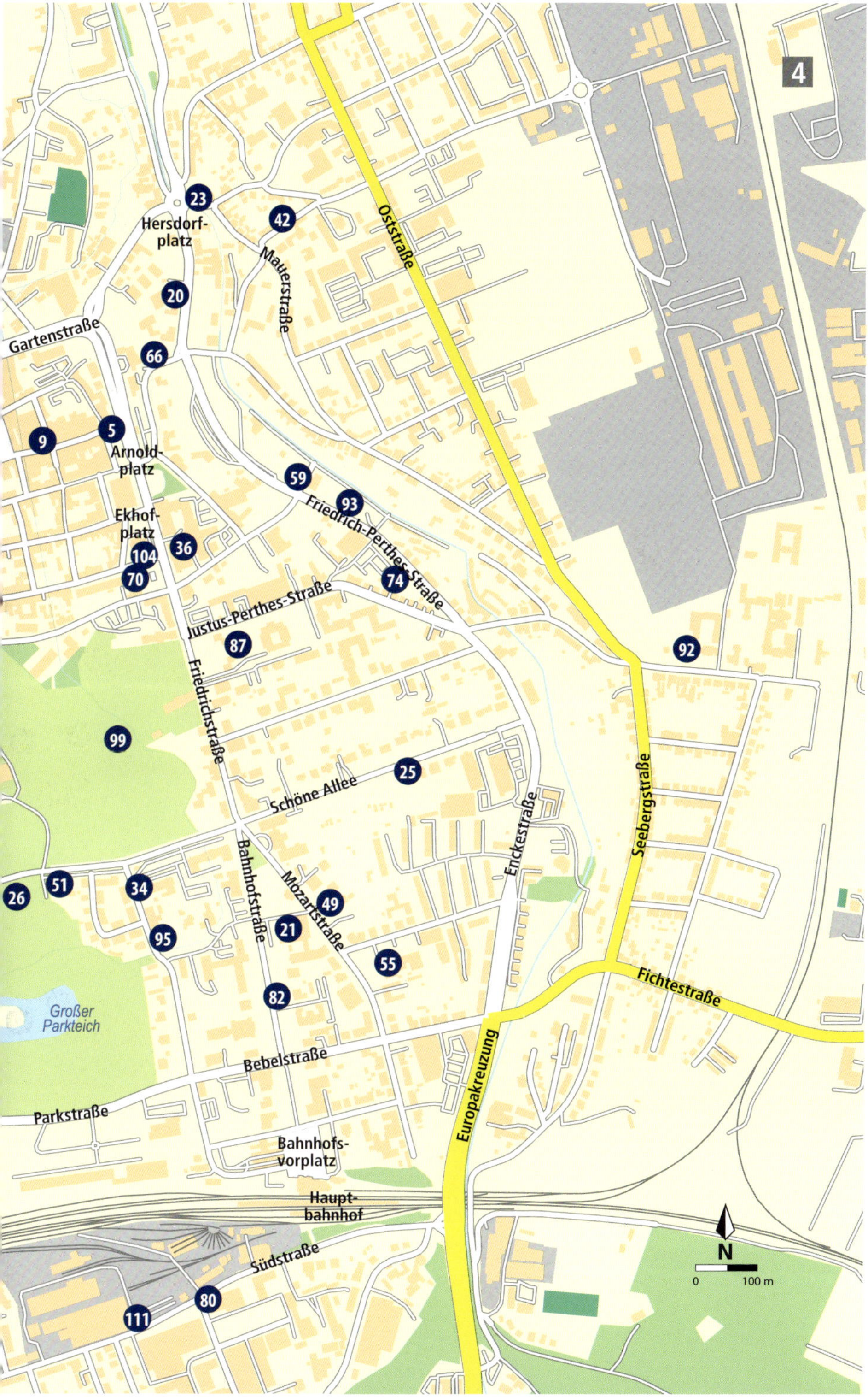
4
Oststraße
Hersdorf-
platz
Mauerstraße
Gartenstraße
Arnold-
platz
Ekhof-
platz
Friedrich-Perthes-Straße
Justus-Perthes-Straße
Friedrichstraße
Schöne Allee
Enckestraße
Seebergstraße
Bahnhofstraße
Mozartstraße
Fichtestraße
Großer
Parkteich
Bebelstraße
Europakreuzung
Parkstraße
Bahnhofs-
vorplatz
Haupt-
bahnhof
Südstraße
N
0
100 m
23
42
20
66
5
9
59
93
36
104
70
74
87
92
99
25
26
51
34
49
21
95
55
82
80
111

Ulf Annel
111 Orte an der Unstrut, die man gesehen haben muss
ISBN 978-3-7408-0347-6

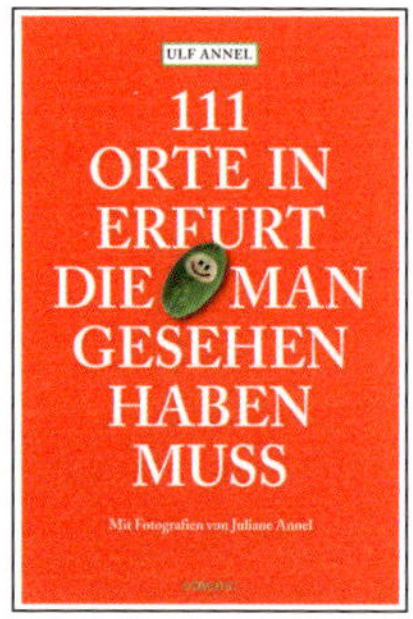

Ulf Annel
111 Orte in Erfurt, die man gesehen haben muss
ISBN 978-3-7408-1635-3

Kirsten Elsner-Schichor
111 Orte im Harz, die man gesehen haben muss
ISBN 978-3-7408-1543-1

Tim Frühling
111 Orte in der Rhön, die man gesehen haben muss
ISBN 978-3-7408-1605-6

Ulf Annel
111 Orte in und um Weimar, die man gesehen haben muss
ISBN 978-3-7408-1193-8

Ulf Annel
111 Orte rund um die Wartburg, die man gesehen haben muss
ISBN 978-3-7408-0981-2

Ulf Annel
111 Orte in und um Erfurt, die man gesehen haben muss, Band 2
ISBN 978-3-95451-913-2

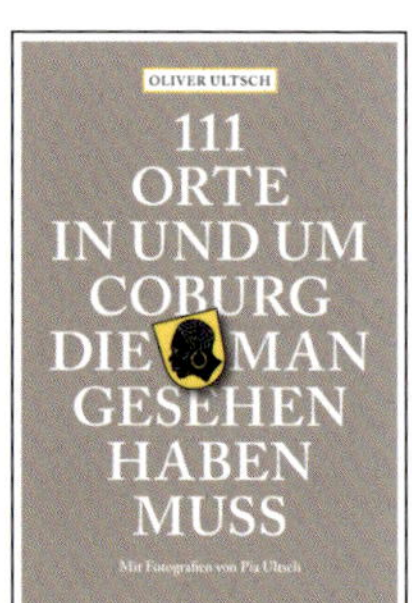

Oliver Ultsch
111 Orte in und um Coburg, die man gesehen haben muss
ISBN 978-3-95451-923-1

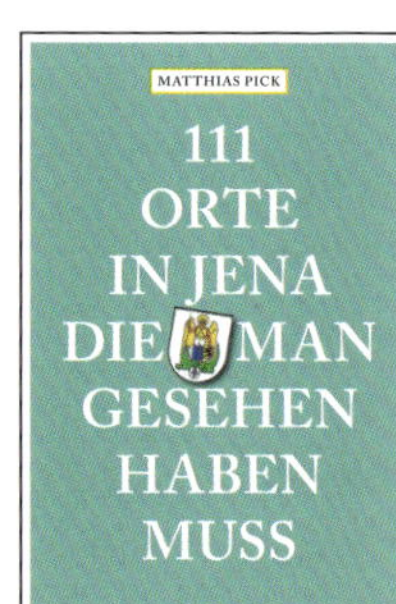

Matthias Pick
111 Orte in Jena, die man gesehen haben muss
ISBN 978-3-7408-1631-5

René Förder
111 Orte in Sachsen-Anhalt, die man gesehen haben muss
ISBN 978-3-7408-1471-7

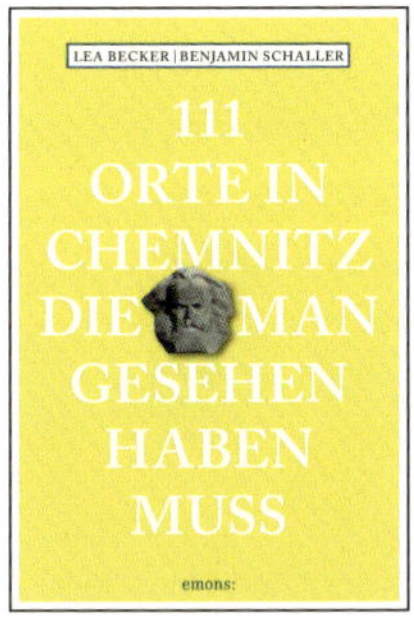

Lea Becker, Benjamin Schaller
111 Orte in Chemnitz, die man gesehen haben muss
ISBN 978-3-7408-1175-4

Tom Wolf
111 Orte in Potsdam, die man gesehen haben muss
ISBN 978-3-95451-419-9

Paul Stänner
111 Orte in Brandenburg, die uns Geschichte erzählen
ISBN 978-3-7408-1650-6

Cornelia Kuhnert
111 Orte in Hannover die man gesehen haben muss
ISBN 978-3-7408-1513-4

Cornelia Kuhnert
111 Orte rund um Hannover, die man gesehen haben muss
ISBN 978-3-7408-1351-2

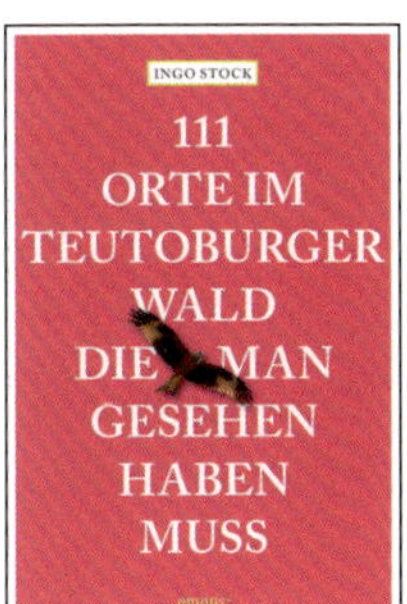

Ingo Stock
111 Orte im Teutoburger Wald, die man gesehen haben muss
ISBN 978-3-7408-1715-2

Lars M. Vollmering
111 Orte in Wolfsburg, die man gesehen haben muss
ISBN 978-3-7408-1094-8

Jochen Reiss
111 Orte in und um Göttingen, die man gesehen haben muss
ISBN 978-3-7408-1353-6

Uwe Grießmann, Sonja Klima
111 Orte in und um Hildesheim, die man gesehen haben muss
ISBN 978-3-7408-1421-2

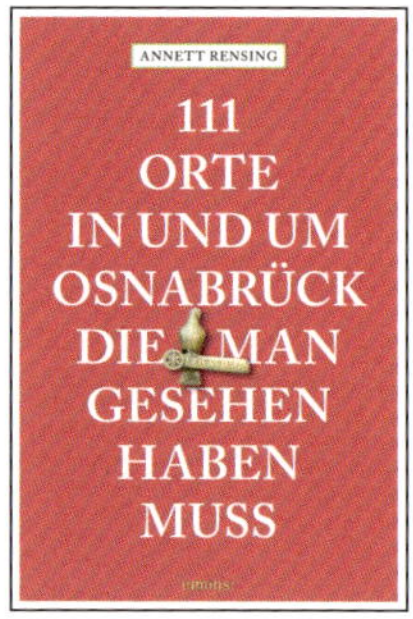

Annett Rensing
111 Orte in und um Osnabrück, die man gesehen haben muss
ISBN 978-3-7408-1194-5

Christine Izeki, Gerald Roemer
111 Orte im Wendland, die man gesehen haben muss
ISBN 978-3-7408-1520-2

Axel Klingenberg
111 Orte im Braunschweiger Land, die man gesehen haben muss
ISBN 978-3-95451-671-1

Dietmar Hoos
111 Orte in Kassel, die man gesehen haben muss
ISBN 978-3-7408-1188-4

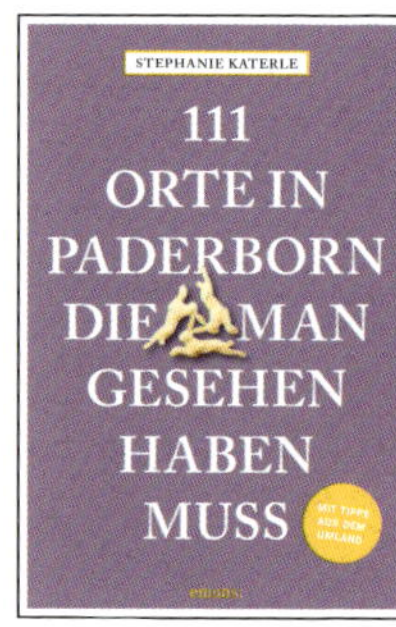

Stephanie Katerle
111 Orte in Paderborn, die man gesehen haben muss
ISBN 978-3-7408-0645-3

Alexandra Schlennstedt, Jobst Schlennstedt
111 Orte in Bielefeld, die man gesehen haben muss
ISBN 978-3-7408-1653-7

Michael Horling
111 Orte in und um Schweinfurt, die man gesehen haben muss
ISBN 978-3-7408-1302-4

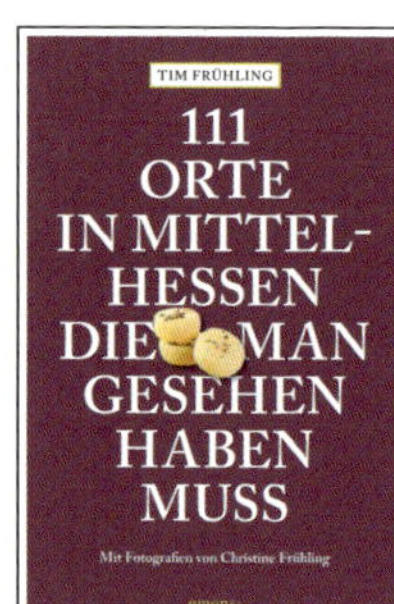

Tim Frühling
111 Orte in Mittelhessen, die man gesehen haben muss
ISBN 978-3-7408-1232-4

Stefanie Jung
111 Orte in Rheinhessen, die man gesehen haben muss
ISBN 978-3-7408-1307-9

Ingo Stock
111 Orte im Werra-Meißner-Kreis, die man gesehen haben muss
ISBN 978-3-7408-0855-6

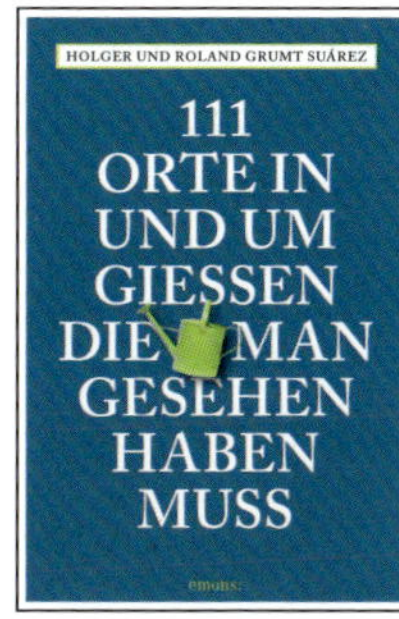

Holger Grumt Suárez,
Roland Grumt Suárez
111 Orte in und um Gießen, die man gesehen haben muss
ISBN 978-3-7408-0971-3

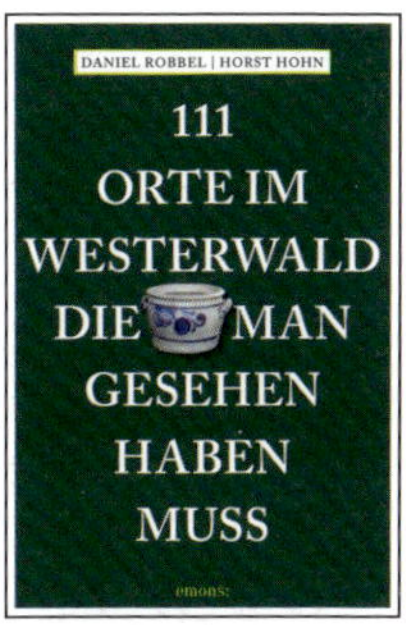

Daniel Robbel, Horst Hohn
111 Orte im Westerwald, die man gesehen haben muss
ISBN 978-3-7408-1229-4

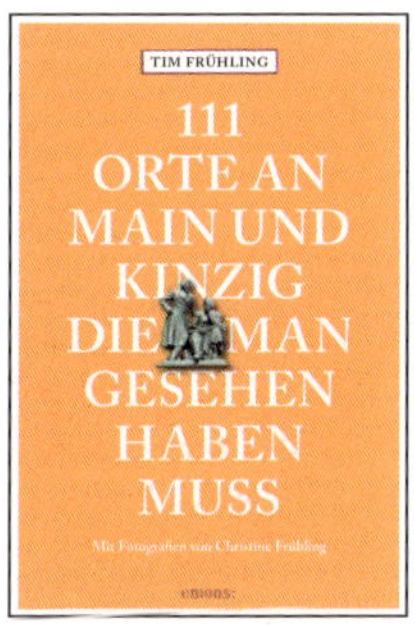

Tim Frühling
111 Orte an Main und Kinzig, die man gesehen haben muss
ISBN 978-3-7408-1345-1

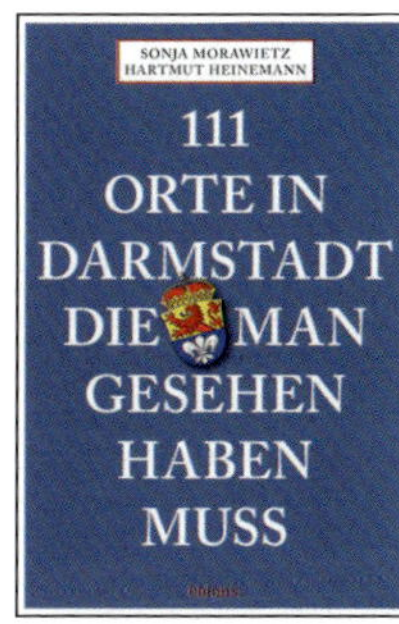

Sonja Morawietz,
Hartmut Heinemann
111 Orte in Darmstadt, die man gesehen haben muss
ISBN 978-3-95451-920-0

Laszlo Trankovits
111 Orte rund um den Äppelwoi, die man gesehen haben muss
ISBN 978-3-7408-0861-7

Anna Köhler
111 Orte in Offenbach, die man gesehen haben muss
ISBN 978-3-7408-0982-9

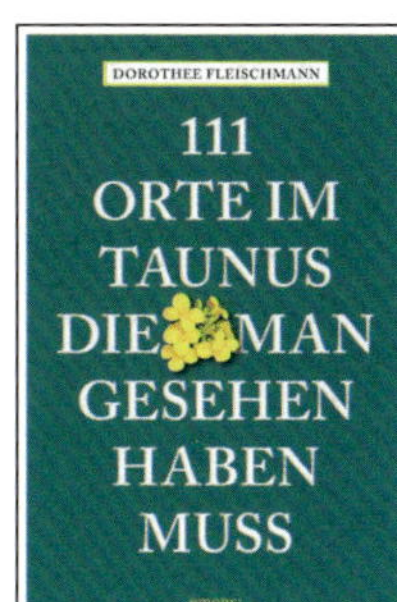

Dorothee Fleischmann
111 Orte im Taunus, die man gesehen haben muss
ISBN 978-3-7408-1420-5

Ulf Annel, geboren 1955, ist eine Erfurter Puffbohne. Er studierte Journalistik, war Radioredakteur und gehört seit 1981 zum Ensemble des Kabaretts »Die Arche«/Erfurt.

Juliane Annel, geboren 1982 in Erfurt, studierte Pädagogik und Kunst. Derzeit ist sie Lehrerin. Sie fotografiert seit Schulzeiten.

Knut Kreuch, geboren 1966, gebürtiger Wechmarer, ist seit 2006 Oberbürgermeister der Stadt Gotha. Schon seit der Schulzeit gilt sein besonderes Interesse der Heimat-, Regional- und Thüringer Landesgeschichte sowie der Genealogie. Er schreibt gerne Bücher, Theaterstücke, Gedichte und ist ein leidenschaftlicher Erzähler.